受益一生的

北大国学课

徐兵智 谢寒梅◎主编

中华工商联合出版社

图书在版编目(CIP)数据

受益一生的北大国学课 / 徐兵智，谢寒梅主编. —北京：中华工商联合出版社，2014.4

ISBN 978-7-5158-0874-1

Ⅰ. ①受… Ⅱ. ①徐… ②谢… Ⅲ. ①国学-通俗读物 Ⅳ. ①Z126-49

中国版本图书馆 CIP 数据核字(2014)第 047095 号

受益一生的北大国学课

主　　编： 徐兵智　谢寒梅
责任编辑： 吕　莺　郑承运
装帧设计： 吴小敏
责任审读： 李　征
责任印制： 迈致红
出版发行： 中华工商联合出版社有限责任公司
印　　刷： 三河市燕春印务有限公司
版　　次： 2014 年 7 月第 1 版
印　　次： 2024 年 5 月第 3 次印刷
开　　本： 710mm×1000 mm　1/16
字　　数： 180 千字
印　　张： 15
书　　号： ISBN 978-7-5158-0874-1
定　　价： 72.00 元

服务热线：010-58301130
销售热线：010-58302813
地址邮编：北京市西城区西环广场 A 座 19-20 层，100044
http://www.chgslcbs.cn
E-mail:cicap1202@sina.com(营销中心)
E-mail:gslzbs@sina.com(总编室)

序

北大，在风风雨雨中走过了近百年的沧桑岁月，见证了中国绵延不断的悠久历史。

北大，由新文化运动温养又反哺中国文化，至今依然坚定地屹立在文化阵地的前沿。

北大，可以说是传统文化与沧桑历史的完美结合。日积月累的文化底蕴逐渐塑造了特有的人文魅力。

当同龄人乘着时代的列车前进时，许多北大人已一跃成为时代的领航者，他们的成功在一定程度上源于北大精神！

在全国，多少莘莘学子寒窗苦读只为有朝一日能徜徉于“一塔湖图”之间，聆听学界大师的教诲，但仅有少数佼佼者能有幸踏足未名湖畔。

俗话说：“站在前人的肩膀上，我们可以看得更高、更远。”

为了帮助那些在生活中不甘心平庸，渴望成功，对理想有所追求的人也一样能聆听到它们的精彩课程，能走入它们的历史和文化，能从中学到百年名校的成功智慧，我们特此策划编写了这套北大丛书。

一

北大国学培训课，在全国同类培训项目中独占鳌头。而造就其领先地位的正是北大历史文化的厚重积淀。

蔡元培、杨昌济、胡适、陈独秀、章士钊、马叙伦、熊十力、张东荪等知名学者为北大国学研究领域增加了光环。北大历史上除有名人执教外，还造就了成千上万的优秀人才，仅哲学系就培养出8000余名优秀毕业生。其中有张申府、冯友兰、孙本文、罗常培、顾颉刚、杨晦、潘菽、朱自清、朱谦之、牟宗三、何其芳、胡世华这样的大学者，也有邓中夏这样的革命志士，还有各行各业的大批骨干人才。

北大人一直保持着复兴文化的自觉，而学养深厚的现代导师队伍，使北大国学培训实力大增，凭借近百年在思想学术、人文境况、政治伦理、社会良心等方面的探索与思考，北大树立起一座座思想学术丰碑。

二

一些已获得MBA、EMBA学位的老总，都在如饥似渴地学国学。问起他们为什么如此热衷国学的时候，他们说："你如果能避开社会喧嚣，认真坐下来读四书、五经、唐诗宋词，你会惊喜发现，中华国学竟有如此诱人的魅力。"

国学，是炎黄儿女的魂魄，华夏文明的根基。

北大教授们认为："中华文化的不间断性，显示出其辉煌、伟大、有韧性的生命智慧；中华文化的多元一体性，体现出中国多民族、多习俗和谐共存的文化特质；中华文化绚丽多姿的丰富性，凸显中华文化并行不悖的宽容精神。"

北大国学，以其前瞻性眼光和务实行动，以中华五千年优秀文化的经典，以"和谐"、"仁义"、"刚健"、"自强不息"、"厚德载物"等国学核心价值和基本精神，启发高层管理者、社会精英解惑悟道、提升人生。这在北大乃至在全国来讲都独一无二。

本书则是立足于北大各位先哲、国学大师对诸多国学典籍的讲解和梳理，结合古今中外的诸多例证，从多个角度阐述国学中的哲理与智慧。

面对21世纪环境资源、文化冲突，不管是发达国家还是发展中国家，不论是企业家、职业经理人，还是管理学家、经济学家、政治家，均开始认真反思传统经营方式、竞争手段和发展管理模式所面临的各种矛盾和挑战，纷纷探索和研究新的管理工具和管理模式。

当世界普遍出现反思传统、走向自然、文化回归的思潮，国学再次成为社会关注热点时，相信读者在书中北大国学思想的引导下，能够从中华民族文化传承中，破解迷思、汲取灵感、反哺修炼、追求卓越！

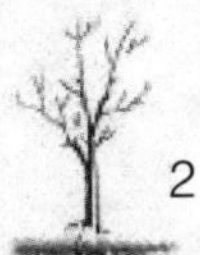

目录

Contents

老子曾说："知其雄，守其雌，为天下。"意思是，知道什么是刚强，却安于柔弱的地位，如此，才能常立于不败之地。古人说："君子之所以取远者，则必有所持。所就者大，则必有所忍。

孔子开创的儒学思想博大精深，而其中的核心，就是"仁"，而"仁"的本质就是"仁者爱人"。孔子所说的仁，不仅是一种伦理道德的要求，更是他的人格体现和精神追求。

第三课 跟荀子学国学中"学、思、行"结合之道 …… 53

"吾尝终日而思矣,不如须臾之所学也"。"君子善假于物也。"这告诫我们要勤于学习、借助外力的千古名段,作者就是战国时期的儒家代表——荀子。

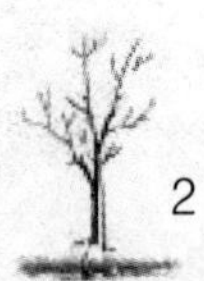

第四课　跟庄子学国学中的养心之道 ………………… 81

《逍遥游》是庄子思想的代表，也是他所追求的境界。逍遥，不是任性，不是随意，是顺从事物自然的规律。大鹏的自然是逍遥，麻雀的自在也是逍遥。所谓幸福，就是自己在自己的内心指引下，得到更舒适畅快的自然体验。

第五课　跟孟子学国学中的取舍之道 ……………… 109

在提倡人性善的基础上，孟子提出了君子取舍之道。他说："鱼，我所欲也；熊掌，亦我所欲也，二者不可得兼，舍鱼而取熊掌者也。生，我所欲也；义，亦我所欲也，二者不可得兼，舍生而取义者也。"

第六课　跟孙子学国学中的管理之道 ……………… 138

《孙子兵法》被公认为是世界上最早、最完整、最具权威的“第一兵书”。孙子本人被西方称为“军事战略家”和“军事哲学家”。《孙子兵法》对世界的影响,已经远远超出了军事的范围。

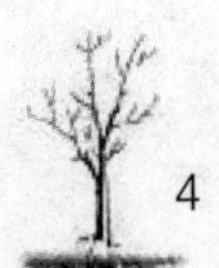

第七课　跟墨子学国学中的"兼爱"之道　…………… 164

如何爱人？墨子认为要不分差等地"兼相爱"，这种爱可能吗？溺爱是扼杀天才的摇篮，滥爱是制造混乱的根本，错爱则是制造悲剧的根源。

不是什么人、什么事都可以用爱来解决问题的。只有那些值得爱、需要爱、能够爱的东西，才值得我们付出真爱、无怨无悔！具备了这样的前提，我们才能把墨家所说的"兼相爱"进行到底。

第八课　跟惠施学国学中的善辩之术　…………… 187

惠施以善辩闻名，是名家著名的代表人物，被庄子视为最默契的朋友。名家和诡辩的根本区别，就在于名家关注的不是辩术本身，而是"名实之辩"。

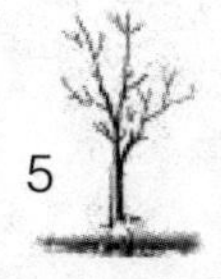

第九课 跟邹衍学国学中的自知自强之路 ………… 209

邹衍之所以受人欢迎,主要在于他由小及大、由近及远,“推而大之,至于无垠”的论证方式。很多国君在听了邹衍的学说之后,也对自己的过分行为有所收敛。舍弃了“统领万方”的自我膨胀,更不提倡“舍我其谁”的自我感觉。有了这样的意识,人生才不会迷失自己的方向。

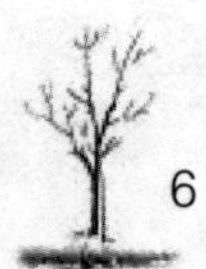

第一课 跟老子学国学中的隐忍哲学

人物简介：

根据《史记》的记载："老子者，楚苦县厉乡曲仁里人也。姓李氏，名耳，字聃。"这里所说的"曲仁里"位于现在的河南省鹿邑县东。关于他的出生与形象，有很多传奇。有的说"身长八尺八寸，黄色美眉，长耳大目，广额疏齿，方口厚唇，日角月悬，鼻有双柱，耳有三门，足蹈二五，手把十文。周时人，李母八十一年而生。"

也有人说"李母怀胎八十一载，逍遥李树下，乃割左腋而生"。还有一种说法是"李母昼夜见五色珠，大如弹丸，自天下，因吞之，即有娠"。是非真假，莫衷一是。他的生卒年无从查考，寿命也是未解之谜，160岁、200岁等说法都言之凿凿，却无从考证。我们目前知道的，只是道教创始人、被后世

尊称为“太上老君”的那位智者。

骑青牛、御紫气、列仙班，是后人对老子的主要刻画，其中包含的后人对老子的尊崇和敬仰之情，也是十分明显的。

老子也曾经做过官。他曾经是周朝的“守藏史”——管理周朝的王室藏书。但在看到周朝王室破败的萧条之后，他决定弃职西去。在路过函谷关的时候，老子被颇具慧眼的关令尹喜留住，并在其要求下，“著书上下篇，言道德之意五千余言而去，莫知其所终。”这就是《道德经》的来历。

此后，这位先贤再也没了消息，留给后人无尽的想象。

1.祸兮福所倚,福兮祸所伏

祸兮,福之所倚;福兮,祸之所伏。

——《道德经》第五十八章

“祸兮福所倚,福兮祸所伏”是老子朴素辩证法思想的集中体现。其基本的含义是:坏事可能包含了变成好事的苗头,而在好事到来的时候,坏事也可能随之来到。福和祸是可以相互转化的。如果我们只是看到眼前的东西,而忽视了可能变化的方面,将会在事情发生变化的时候措手不及。

在这里,老子强调的最根本的东西,就是变化的可能性和认识到变化的重要性。按照这种思路,在我们面临种种危难的时候,其实已经孕育了转机的苗头和种子。而在各种繁华的背后,则隐藏着危机与毁灭。这一思想和他对道的认识一脉相承,对我们认识世界具有十分重要的价值。

有一年,电视节目转播音乐大师梅达的音乐会。梅达出场时颈上挂了一个花环。当他上台指挥乐队时,花瓣纷纷落到脚下。一位女士议论说:“等他指挥完,他会站在一堆可爱的花瓣中。”另一个男士则不无忧伤地说:“到演出结束时,他的颈上只会挂着一道绳索。”同一件事,由于视角不同,思维方式相异,便得出了截然相反的结论。

有这么一个传说:

有一位盲人,性格十分开朗,生活十分愉快。有人问他:“作为盲人,你

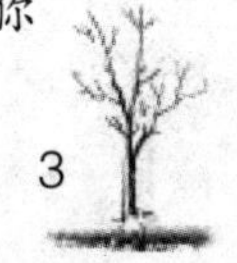

不感到痛苦吗？”盲人笑着回答：“我痛苦什么呢？和聋子相比，我能听见声音；和哑巴相比，我能说话；和下肢瘫痪的人相比，我能行走。”

眼睛瞎了，却不觉得痛苦，这就是由于他调整了比较的对象和方法，用自己的优势去比人家的劣势，用自己的长处去比人家的短处，凡事从有利于自己的方面去思考。

“横看成岭侧成峰，远近高低各不同。”看问题的角度不同，所得到的认识就不同。同样一件事情，如果从不同的角度去观察和思考，就会有迥然不同的结果。因为任何事物都有两面性，既可以从正面理解，也可以从反面理解。从辩证法的观点看，世界上没有绝对的好事，也没有绝对的坏事。好事中潜伏着坏的因素，坏事中包含着好的成分。

日本学者春山茂雄在《脑内革命》一书中说：“想好事，好事降临；想坏事，坏事敲门。”他又说：“人在生气发怒的时候，大脑分泌大量肾上腺素，这是一种对身体有害的荷尔蒙……它使人疾病丛生，加速衰老甚至早逝。”我们应该倡导利用利导思维思考问题，杜绝用弊导思维思考问题。

学会利导思维，不只是思考的技巧问题，还涉及到人的心态、人的性格和人的生活态度。一个人性格开朗，乐观向上，心情舒畅，往往就能正确面对现实，能够协调和控制自己的情绪，保持良好的心态，遇事从积极和美好的方面考虑问题。

正如老子所说：“祸兮福所倚，福兮祸所伏。”这就要求我们在观察和思考问题时，向着对自己有利的方面引导，从不利的事情中寻找美好、提取美好、放大美好。这样做，不仅能使自己在不利的境遇下保持积极向上的生活态度，激励自己克服困难，战胜挫折，同时也有益于身心健康。

2.时刻记住“锐者易折”的道理

酒极则乱，乐极则悲。万事尽然，言不可极，极之而衰。

——《史记·滑稽列传》

得意到了极点，往往就是失意的开始：最辉煌的时刻来临，就意味着你将开始走下坡。从历史的往事中可以看出，我们中华民族自古就是讲究中庸的，这个词几乎涵盖了整个儒家文化。不过分地偏左，也不过分地偏右，尽可能保持平衡。

世事变幻，人生无常。老子告诉我们，时刻记住“锐者易折”的道理。人生总有得意时，但是得意也要保持低调。

陈后主是陈朝的最后一个皇帝。唐代有位诗人有感于陈朝灭亡，写下一首七言绝句，说的就是陈后主不理朝政，骄奢淫逸：“商女不知亡国恨，隔江犹唱后庭花。”

本来陈后主即位之初政治比较清明，国家富强安定，可是这种情况持续的时间并不长，由于陈后主的骄傲自满，以为陈朝已经固若金汤，无须居安思危，所以终日纵情酒色，放浪形骸，很快，即位之初的一代明君就变成了昏庸之君。

即位后不久，陈后主被弟弟陈叔陵斫伤，终日在后宫养病，只留当时他最宠幸的张贵妃陪伴于身旁，将其他妃嫔包括皇后都摒斥在外。

陈后主修建了许多富丽堂皇的宫殿，分别给张贵妃、孔贵妃等受宠的妃嫔居住。他的饮食起居均由这些人服侍，并且每次饮宴，都命诸妃嫔和女

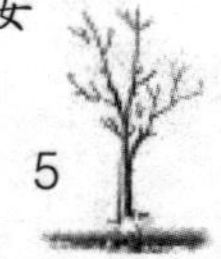

大士等吟诗作乐，从中选出较好的谱成歌曲，命上千名宫女习而歌之，轻歌曼舞终日弥漫整个后宫。张贵妃初入宫时，是龚贵嫔侍儿，偶然被后主见到，被其美色迷惑，对其宠爱有加，很快封为贵妃，后生太子深。她又非常会察言观色，每次宴会宾客，张贵妃都会推荐诸宫女参与其事，宫女们对她甚为感激，于是都在皇帝面前说她好话。

张贵妃得宠以后，陈后主越来越怠于政事，文武百官凡有奏章，都必通过宦官蔡脱儿、李善度等人才能达于帝前。而每次批改奏章，后主都与张贵妃共同定夺，张贵妃正好借此机会干预政事，朝中的大小事情没有她不了解的。后主见朝野上下的言论，张贵妃足不出宫都了如指掌，更加对她宠幸。可是后主并没有看到政治形势的可危之处：朝中宦官佞臣内外勾结，王公显贵骄横不法，花钱买官者屡见不鲜。更有甚者，后宫犯法的人，只要请张贵妃说情，后主往往都会既往不咎。

朝中正直的官吏实在看不下去了，上奏后主，阐明了朝中的混乱局势，并且弹劾施文庆、沈客卿等人飞扬跋扈、专制朝政之举，可昏庸的后主已听不进任何忠言，先后将忠直的大臣毛喜贬谪出朝，右卫将军兼中书通事舍人傅绰赐死狱中。

耿直的大臣章华，上书后主说："陛下即位，于今五年，思衔帝之艰难，不知天命之可畏，溺于嬖它，惑于酒色。祠七斋而不出，拜妃嫔而临轩。老臣宿将，弃之草戡，升之朝廷。今疆场日蹙，隋军压境，陛下如不改邪归正，悔之晚矣！"

后主看到这样的奏章不但没有悔过自新，而且一怒之下将章华斩首，朝中官员见后主如此暴虐，都明哲保身，三缄其口，一个本来兴旺发达的国家就被陈后主弄得岌岌可危了。他总以为自己是那个"得志"之人，而不知道"失意"之日已不远矣。

古往今来，太多位高权重之人因自己过去的功绩变得骄矜自恃，忘了

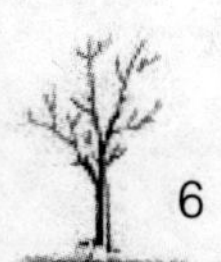

“盛极必衰,物极必反”的道理。

真正的智者懂得越是在得意时,越是要放低姿态。一旦得意,人会不自觉地膨胀、自我放大,好像没有什么困难能难倒自己,没有什么问题他解决不了。殊不知,这把自大的尖刀随时可能伤害自己最亲近的人,也随时可能受到意外的打击。因为它太锋利,所以它才脆弱,折断可能只是瞬间的事。

古人的故事告诫今人:在牢记“无限风光在险峰”的同时,我们更不要忘记“高处不胜寒”!

在人生得意时,一定要在内心给自己划一道警戒线,哪些是可以逾越的,哪些是不能触碰的,这体现了一个人的修养。身居高位而沉得住气,才是真正胸中有大韬略的人。

3.天之道，不争而善胜

天之道，不争而善胜、不言而善应，不召而自来。

——《道德经》第七十三章

在二千多年前，老子就提出了“天之道，不争而善胜，不言而善应，不召而自来，繟然而善谋。天网恢恢，疏而不失”的至理名言。

有一次，海尔总裁张瑞敏喂狼的时候发现，当他扔给狼一根骨头的时候，所有的狼都在抢这根骨头；当他再扔一根的时候，所有的狼又扑过来抢新的骨头——即使丢进去很多骨头，它们不是去分，而是哄抢。

这虽说是动物界的生存现象，但也折射出市场的残酷性和盲目性。他想，如今的企业不都是这样的吗？每个人都紧紧的盯着对手的一举一动，甚至忘记或放弃了自己原有的想法和思路，这种做法和那群抢骨头的狼有什么区别？

这种启示让他把精力从竞争的市场转回到自己的企业本身上来，一门心思修炼“内功”：做好自己的管理，专注客户的需求。

其实不管怎样角逐，最后的赢家都是顾客，也就是说，最核心的竞争力就是抓住市场需求，获得用户对企业的忠诚度，这也就是“不争”的本质所在。

想别人没想过的问题，做别人没做过的事情，这正是张瑞敏的智慧所在。不和对手争，却和自己争、和用户争，否定既有的错误和不成熟的思想，

刷新和确立新的正确的发展路子，这是一个企业健康发展、不断壮大的必须过程。

在别人都纷纷“抢骨头”的时候，张瑞敏却在抓服务和管理，从公司高层到下面的每一个员工都在捕捉着顾客的消费需求，他们的营销网点遍布全国各地，他们从各个渠道获取用户的需求和信息，每一个用户都可以提出自己的想法，每一个员工都可以去设计用户所需的产品……当时机成熟时，企业自身已经发展壮大了，消费者潜在需求被开发出来了，那些所谓的竞争对手自然会落在后面。那时，市场已经紧紧的掌握在自己的手中。

不争，是一种高明。张瑞敏看似无所作为，实际上却获得了潜在的大势态，“故天下莫能与之争”。海尔正是凭借着踏实、专注、善始善终的精神从同行中一跃而出！

在一次重要的国际赛事上，一位举重运动员面临着冲击金牌的最后关头。教练对她说：“举起这最后的重量，你的金牌就得到手了。”结果她没能举起来。

在洛杉矶奥运会上，受了伤的跳水名将洛加尼斯同样面临着冲击金牌的最后一跳时，教练对他说：“你的妈妈在家等着你呢，跳完这一轮，你就可以回家吃你妈妈做的小馅饼了。”

洛加尼斯轻装上阵完成了最后一跳，凭借最后一跳的优异表现夺得了金牌。

小馅饼的诱惑自然敌不过金牌。可是金牌背后，还有奖金、荣耀、教练和国家的期望，千人敬仰万人瞩目的光荣。

然而，金牌承载的荣耀越多，给运动员的压力就越大。运动心理专家研究表明，在赛场上的关键时刻，如果一味地加重心理负担，反而会影响运动

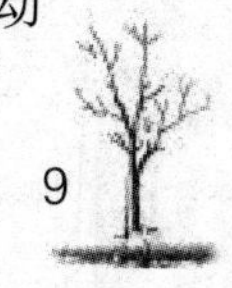

员的水平发挥。相反，如果将很重要的目标简单化、生活化，给运动员造成一种轻松的心理状态，那么可能激发其超常发挥。

这是情绪减压法。压力当头不要去想压力。

患得患失是人的天性。无可厚非，无法避免。唯一能做的，就是不去想它。

还记得金庸小说惯用的写法吗？千辛万苦、精心策划想要获得的武功秘籍，却被想也不曾想过要获得的人偶然间拾到，轻而易举练成绝世武功。

小说情节固然都是虚构的，但书中蕴含了金庸对待人生的态度：拼了命孜孜以求者，与毫无功利与得失之心者，命运总会厚待后者。

天之道，不争而善者。

4.藏而不露，并非真的不露

言多招祸，行多有辱；傲者人之殃，慕者退邪兵；为君藏锋，可以及远；为臣藏锋，可以及大；讷于言，慎于行，乃吉凶安危之关，成败存亡之键也。

——曾国藩

藏而不露，并非不露。古语说："君子藏器于身，待时而动。"把握好藏与露的分寸，最后才能露出真正的锋芒。

越是争强，越是容易成为众矢之的，不论什么时候，众人的矛头永远是指向那个最出风头的人的。守弱，才能够更好地积蓄实力。

《三国演义》中，刘备曾一度投奔曹操。为迷惑曹操，他种田浇菜，掩盖其志。关、张二人见他如此不求上进，都非常失望，但刘备只说"此非二弟所知"，依旧我行我素；曹操和刘备煮酒论英雄时，刘备竟假装被雷声吓得扔掉了筷子。因为刘备当时羽毛未丰，若与曹操在一个重量级上硬碰硬的话，无疑以卵击石。只有假装无能，曹操才不会把他视为心腹之患。

杨修是一个极有才华的人，而曹操也是一个爱才之人，可是，曹操最后为什么要杀死杨修呢？有人说是曹操妒忌杨修。当然，的确有这方面的原因，但是，最主要的原因是杨修过于显摆其个人才华。

曹操平定汉中后，想继续讨伐刘备，又难以推进；想守住汉中，又难以持久防御，进退两难。曹操心中犹豫不定，偶说"鸡肋"二字，杨修就叫随行军士收行装准备归程。夏侯惇问怎么回事，杨修说："以今夜号令，便知魏王不日将退兵归也：鸡肋者，食之无肉，弃之有味。今进不能胜，退恐人笑，来日魏王必班师矣。"曹操怒杨修谣言乱军心,斩之。

杨修聪明过头,把撤军这样的事关全局的大事,用负面的语言和行为表达出来了。殊不知,这样的军机大事是不能用此方式表达的,即使曹操心里真是这样想的,但是曹操也没有直接表达出来,就是因为曹操认为这话说出来会影响军心,这是基本的军事常识。

当然,屈伸之度必须由自己把握好,什么时候"屈",什么时候"伸",这里面大有学问。一味隐忍不知勃发、不求翻身出头,反而会滑进无底的深渊。

1076年,德意志神圣罗马帝国皇帝亨利与教皇格里高利争权夺利,斗争日益激烈,发展到了势不两立的地步。亨利想摆脱罗马教廷的控制,教皇则想把亨利所有的自主权都剥夺殆尽。

在矛盾激烈的关头,亨利首先发难,召集德国境内各教区的主教们开了一个宗教会议,宣布废除格里高利的教皇职位。而格里高利则针锋相对,在罗马的拉特兰诺宫召开了一个全基督教会的会议,宣布驱逐亨利出教,不仅要德国人反对亨利,也要其他国家掀起反亨利的浪潮。

教皇的号召力非常之大,一时间德国内外反亨利力量声势震天,特别是德国境内大大小小的封建主都兴兵造反,向亨利的皇位发起了挑战。

亨利面对危局,被迫妥协,于1077年1月身穿破衣,只带着两个随从,骑着毛驴,冒着严寒,翻山越岭,千里迢迢前往罗马,向教皇认罪忏悔。但格里高利故意不予理睬,在亨利到达之前躲到了远离罗马的卡诺莎行宫。亨利没有办法,只好又前往卡诺莎去拜见教皇。到了卡诺莎后,教皇紧闭城堡大门,不让亨利进来。为了保住皇帝宝座,亨利忍辱跪在城堡门前求饶。当时大雪纷飞,天寒地冻,身为帝王之尊的亨利屈膝脱帽,一直在雪地上跪了三天三夜,教皇才开门接见,饶恕了他。

亨利恢复了教籍,保住皇位返回德国后,集中精力整治内部,然后派兵把一个个封建主各个击破,并剥夺了他们的爵位和封邑,把曾一度危及他皇位的内部反抗势力逐一消灭。在阵脚稳固之后,他立即发兵进攻罗马,以报跪求之辱。在亨利的强兵面前,格里高利弃城逃跑,最后客死他乡。

古今中外的隐忍之士皆有各自的目的,但共同之处是等待成熟时机的到来。时机不成熟就贸然行动,不但会使艰苦隐忍的成果毁于一旦,更会使规划好的宏图大业暴露于对立面的火力之下。

5.拥有水一样的智慧

上善若水,水善利万物而不争。

——《道德经》第八章

老子说:“上善若水,水善利万物而不争,处众人之所恶,故几于道。”这里实际说的是做人的方法,即做人应如水。水滋润万物,但从不与万物争高下,这样的品格才最接近道。

善人待人真诚、友爱和无私,说话恪守信用,为政精简处理,处事能够善于发挥所长,行动善于把握时机。善人所作所为正因为有不争的美德,所以就没有过失,也没有怨咎。

有个人非常不善于和人打交道,经常与人发生口角。后来,他向一位智者请教:“我总是容易和别人发生矛盾,因为他们总是提出一些我不能接受的意见,您说我该怎么办?”

智者想了一会儿,说:“你说水是什么形状的?”

这人见智者“词不达意”,茫然地摇头说:“水哪有形状?”

智者笑着说:“我把水倒进杯子,水难道还没有形状吗?”

这人似有所悟,说:“我知道了,水的形状像杯子。”

智者又说:“如果我把水倒进花瓶呢?”这人很快又说:“哦,这水的形状像花瓶。”

智者摇头,又把水倒入装满泥土的盆中。水很快就渗入土中,消失不见了。这人陷入了沉思。

这时，智者感慨地说："看，水就这么消逝了，这就是人的一生。"

这人沉思良久，忽然站起来，高兴地说："我知道了，您是想通过水告诉我，我们身边的人就是不同的容器，想与他们相处得好，就要把自己变成可以倒入各种容器中的水。是不是这个道理？"

智者微笑着说："你现在已经有所得，但还不完全正确。"智者接着说："井里的水，河里的水，海里的水，他们虽然有不同的形态，可是他们却都是水。"

这人恍然大悟："人其实也应该像水一样，能够顺应和包容外界的变化，但是却永远不改变自己的本色。"

智者笑着点了点头。

即便只是一滴露珠儿，它也会笑迎朝霞，熠熠闪光。水的这种豁达顽强的精神，启迪我们即使是处于艰苦的环境，也要从容不迫，恬静自得。

面对突如其来的困境，有的人看到的只是险恶与绝望，在眩晕之中失去了斗志，在抱怨之中碌碌无为地度过一生；有的人则告诉自己：一切都会好起来的，困难只是暂时的，远方依然是一片充满了希望的天空。最终使自己战胜厄运，让生命充满了快乐与阳光。

希望往往就在不远的拐弯处。人生之旅难免会遇到困难和挫折，如果我们拥有水一样的智慧，鼓起勇气用一颗平常心来面对，就会发现，阳光从未走远，美景就在身旁。

人生不如意事十之八九。每个人的一生中苦恼烦心之事在所难免，而且苦难总是多于快乐，逆境总是多于顺境，我们随时都可能像水一样碰上沼泽碱滩，但我们是否也能像水一样，悠然面对，从容不迫？

6.以德报怨,赐人恩典

地势坤,君子以厚德载物。

——《易经》

老子说,“处众人之所恶”。有一句话叫“人往高处走,水往低处流”。人所恶的是什么呢?是低位。所以“处众人之所恶”讲的是要处于低位,也就是谦虚谨慎。意思是说人不但要帮助别人,不要求回报,还要保持谦虚谨慎的态度,不要以为人家受了你的恩惠,你就可以趾高气扬了。

如果能做到这些,你就“几于道”了,也就是获得了接近于“道”的处世方式了。

水用自己的洁净洗涤别人的污垢,并且不求回报,正所谓“以德报怨,赐人恩典”。

在社会生活中,要求别人都像保护大熊猫一样保护你,是不现实的。更多的时候是别人伤害了你,对不起你。应对的办法有两个:一是以血还血,以牙还牙;二是“以德报怨”。

所谓“以德报怨”,也就是别人有对不起我,算计我的地方,我不生气,不与对方计较,反而好好待对方,甚至顺其心意,满足其愿望。

楚庄王的“绝缨大会”大概是经常被人引用的以德报怨的实例。

楚庄王大宴群臣,突然蜡烛燃尽了,有人摸黑拉扯劝酒的王妃的衣袖,结果被王妃扯走了帽缨。楚王听了王妃的申诉后,趁蜡烛尚未点燃,肇事者身份不明之时,命群臣全部摘去帽缨,保全了这位大臣。以后在楚国攻郑的战役中，有一员战将表现得十分突出，楚王询问之下，方才得知此人即是那个被王妃扯去帽缨者。楚庄王以德报怨，臣下以德报德，一直被传为佳话。

人贵有自知之明，自己的所作所为，心里多少是清楚的，所以有了对不起他人的地方，难免有愧疚之意。心态本来就比较低，一旦得到了不曾想到的原谅，甚至对方主动让自己得遂所愿，这种由巨大反差所引发的感激之情，不是语言所能表达的。

这里，我们要着重强调的是，以德报怨，首先要调整好自己的心态。

人有很多种状态，不同的状态往往带来不同的结果，同时也就决定了你与世界(社会)的关系，即确定了你的位置。状态主要表现为生理状态、心理状态和行为状态。当你调整状态、改变自己时，你与世界交换的物质、能量、信息必然发生变化，你与世界的关系(结构量)就变了，你在社会生活中的位置也已经发生了变化。同时，世界(社会系统)也必然要作出反应以适应新的关系——你的改变。世界，就这样被“改变”了，是向着善的方向改变。

美国一些学者的研究结果表明，一种真正以友谊待人的态度，引起对方友谊反应的比率高达60%至90%。负责此项研究的博士说：“爱产生爱，恨产生恨，这句话大致是不会错的。”

战国时，梁国与楚国相临。两国一直有敌意，在边境上各设界亭(哨所)。两边的亭卒在各自的地界里都种了西瓜。梁国的亭卒勤劳，锄草浇水，瓜秧长势很好；楚国的亭卒懒惰，不锄不浇，瓜秧又瘦又弱，惨不忍睹。楚亭的人觉得失了面子，在一天晚上，乘月黑风高，偷跑过去把梁亭的瓜秧全都扯断。梁亭的人第二天发现后，非常气愤，报告给县令宋就，说我们要以牙还牙，也过去把他们的瓜秧扯断！

宋就说：“楚亭的人这种行为当然不对。别人不对，我们再跟着学就更不对，那样未免太狭隘、太小气了。你们照我的吩咐去做，从今天开始，每晚去给他们的瓜秧浇水，让他们的瓜秧也长得好。而且，这样做一定不要让他们知道。”梁亭的人听后觉得有理，就照办了。

楚亭的人发现自己的瓜秧长势一天比一天好起来，仔细观察，发现每天早上地都被人浇过，而且是梁亭的人在夜里悄悄为他们浇的。楚国的县令听到亭卒的报告后，感到十分惭愧又十分敬佩，于是据实上报楚王。楚王深感梁国人修好的诚心，特备重礼送梁王以示歉意。一对敌国成了友好邻邦。

古语说“穷则变，变则通，通则久”。这里的“变”，正是指自己的“变”——调整自己的状态(心态、生态、行态)。改变自己，实质就是改变自己对世界的看法。以德报怨，改变的是改变世界对自己的评价。

7.管理者不要凡事都亲力亲为

太上，不知有之；其次，亲而誉之；其次，畏之；其次，侮之；……功成事遂，百姓皆谓“我自然”。

——《道德经》第十七章

作为管理者，有的事情是需要做的，有的事情是不需要做的。西汉开国功臣曹参就是深通此道。

公元前209年，曹参跟随刘邦在沛县起兵反秦，忠心耿耿，屡建功勋。刘邦称帝后，对有功之臣论功行赏，曹参功居第二，封为平阳侯，仅次于萧何。因曹参德高望重，刘邦请他去任齐王(刘邦的长子)的相国，由他来辅佐齐王治理齐国。曹参到齐国担任相国时，齐国是一个拥有七十座城的大封国。当时刘邦刚刚夺得天下，建立了汉朝。但是经过秦末战乱，社会经济一片破败凋敝，对于这样的局面，曹参召集当地有才能的官吏来想办法，大家出了很多主意，但都无从下手。

正当曹参发愁的时候有人说，胶西的盖公有治国的才能，曹参便亲自去拜访。盖公对曹参说：“只要上面的官府清静，不生事，不扰民，那么下面的老百姓自然生活就安定了。百姓安定后，社会经济随之就能得到恢复和发展，国家也就能治理好了。”

曹参深受启发，他制订了简单可行的政策，不准官员去打扰百姓，严惩祸害百姓的官员，起用一批老成持重又爱护民力的官员。原来动荡不安的社会日趋稳定，百姓过上了比较安稳的太平日子。

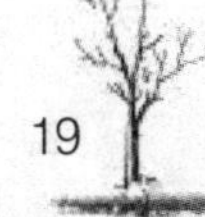

汉惠帝二年(公元前193年),西汉丞相萧何年老病危,惠帝亲自去探视。惠帝估计萧丞相的病好不了了,所以就问萧何,将来谁可以代替他的丞相职位,萧何推荐曹参。曹参到朝廷担任丞相后,依然按照治理齐国时的清静无为的方针治国,要求丞相府的官员对萧何所制订的政策法令,全部照章执行,不得随意改动;对萧何所任用的官员,一个也不加以变动,原有官员依然各司其职。曹参对他们职权范围内的事情,从不加以干预。因此在朝廷丞相变动的关键时刻,没有引起任何波动,朝中君臣和原来一样的相安无事,朝政也和原来一样井然有序。

在现代企业中,有所为、有所不为的管理方式也越来越被重视,管理者的大部分工作不是去控制员工,而是去帮助员工,要少做监工多做推手。

哈佛大学教授、全球领导力与变革大师约翰·科特说:“在变革时代,企业不论大小都应该既有管理又有领导, 成功的关键是75%~80%靠领导,其余20%~25%靠管理,而不能反过来。”

管理就是有所为,领导就是有所不为。现在很多企业给优秀员工股份,就是想让员工自动自发做好工作,推广企业文化价值观,也是同样的道理。

8.少夸夸其谈，多脚踏实地

是以圣人处无为之事，行不言之教。

——《道德经》四十三章

"行不言之教"，是老子极力推崇的"无为"领导思想之一。老子之所以提倡领导者行不言之教，就是因为他亲眼看到政令繁多给国家和人民带来的苦楚。

他又提出："天下之至柔，驰骋天下之至坚。无有入无间，吾是以知无为之有益，不言之教，无为之益，天下希及之。"

很显然，老子这段话是用类比的手法，对"不言之教"的领导方法进行全面的肯定，即"不言之教"是"无为"领导思想的全部要义和立足点。

这段话的大意是：为什么天下最柔弱的东西能游弋在最坚硬的东西中，这是因为那些没有形状的"无有"能进入没有间隙的坚硬的东西里，这就是"无为"领导思想的好处。

然而，对老子"不言"的教导和"无为"的好处，千百年来，人们却理解得很少，并很少有人能够做得到。值得指出的是"不言之教"中的"言"字，按字面解释，是"说话"，但内含的意思是政教与法令，也不是"什么都不说，都不管"，而是要求领导者少发号施令，少夸夸其谈，而要脚踏实地为人民干实事，以身作则，为人民做出榜样。

同时他还告诫领导者"多言数穷，不如守中"，即领导者政令繁多反而会使人民群众更加困惑而无所适从，不如按照自然规律少施政令，并率先垂范，就会得到人民群众的拥护，万物也就能自由蓬勃地发展。

张瑞敏曾说："我经营海尔主要是无为而治。我只抓大事，企业的大事就是文化、组织和战略。"

张瑞敏的"无为"并不是什么都不做，而是按照企业的文化、制度使企业自然地运行。就好比一部上足发条的钟表，你尽可以离开去做你的事情，它不会因为你的走开而停止。如果说张瑞敏有"权杖"的话，市场压力就是"权"，他把这种压力分解到每一个部门、每一个人，让所有部门和人都按照市场压力去运转。

张瑞敏曾谈过"无为"和"有为"的关系，他认为"无为"就是企业的价值观，它是无形的，但非常重要，在这种无形价值观的指导下，可以产生有形的成果，也就是老子所说的"为无为，则无不治"。

现代领导者要做到谦下服人，取信于人，就必须具备良好的品格和素质。

在坚持原则、讲求正气上做到"专气至柔"；

在清除私心杂念、致力于集体和国家上做到"涤除玄鉴"；

在管理国家上做到"爱民治国"；

在思维上做到"天门开阖"；

在处理纷繁复杂的事务中做到"明白四达"。

如果作为一个领导者能够做到这些，让万物万民自由生长而不占为已有，积极地为其服务而不居功自傲，积极地引导而不任意宰割，那么这样的领导者就具有深远的"德"。

9.在适当的时机施惠于人

居善地、心善渊、与善仁、言善信、政善治、事善能、动善时。

——老子

老子“动善时”的内涵:就是抱着与人为善的想法做事,并合理把握办事时机。这是一个说起来容易做起来难的问题。什么时机才合适?就是要像水一样,需要雨的时候,它就变成了雨,需要雪花的时候,它就变成了雪。它可分可合,可深可浅,它可以随着环境的变化改变自己的形状,对它来说,没有永远正确的,只有当下最合适的。

做人也是这样,如果我们在恰当的时候,做恰当的正确的事情,往往会起到事半功倍的效果。

隋朝末年,天下大乱,豪杰纷起,争夺天下。王世充本是隋朝的一个地方官。他没有草率地马上起兵,而是不动声色地做准备。

江淮地区多草莽英雄,加之民风强悍,打架斗殴甚至动刀杀人者多如牛毛,小偷强盗也趁机活动。一时间,监狱人满为患。不得已,狱卒只得上报王世充。王世充开始也为这事头疼,后来一想:“现在天下大乱,我又准备起事,这些人正可为我所用,何不顺水推舟,做个人情,将来一旦起事,便可得到许多帮手。”于是他亲自审讯犯人。审讯时大事化小,小事化了,将犯人头上的罪名洗刷得一干二净。这些犯人原本提心吊胆,担忧性命不保。不想王世充不仅未曾判刑,还好言相抚,于是一个个感激涕零,发誓王大人有所召唤,必赴汤蹈火在所不辞。后来,义军势力越来越大,吴人朱燮、晋陵人管崇在江南起兵，声势浩大。隋炀帝派大将征讨，但收效甚微。

王世充看到这种情况，心里暗暗高兴，这正是他成就大事的好时机。于是，他打着“王军”的旗号发展势力，并得到朝廷的大力支持。他盘算着借朝廷之力壮大自己的力量，一旦羽翼丰满，便可独霸天下。于是，他下令招兵买马，江淮间受过他恩惠的犯人，纷纷加入他的军队。这些人平素便强悍好斗，加上对王世充知恩图报，打起仗来十分卖力，战斗力非常强。王世充率军征讨朱、管，连战连胜。每次得胜，王世充都论功行赏，重重奖励立功将士，而本人却分毫不取，因此手下人更加死心踏地为他卖力。

王世充施以恩惠，拉拢了一帮对他死心塌地的人，靠这支军队，逐渐发展成举足轻重的割据势力。

每个人活在这个世上，都不可能无求于人，也不可能没有助人之时。当你打算帮助别人的时候，请记住一条规则：救人一定要救急。

其中的道理很简单：如果他人有求于你了，这说明他正等待着有人来相助，如果你已经应允了，那就必须及时相助。如果他人没有急事，也不会向你求助，因为一般人都不愿求人。一旦你答应帮助他人，对方心存感激之余当然会把希望完全寄托在你的身上，如果你最后帮得不及时或者没有去帮，反而会遭到怨恨。

东吴大都督，周瑜早年并不得意。他曾在军阀袁术部下为官，被袁术任命为小小的居巢长。

这时候地方上发生了饥荒，粮食问题就日渐严峻起来。居巢的百姓没有粮食吃，就吃树皮、草根，很多人被活活饿死，军队也饿得失去了战斗力。周瑜作为地方的父母官，看到这悲惨情形急得心慌意乱，却不知如何是好。

有人给他献计，说附近有个乐善好施的财主叫鲁肃，他家素来富裕，想必一定囤积了不少粮食，不如去向他借。

于是周瑜带上人马登门拜访鲁肃。寒暄完毕，周瑜就开门见山地说：“不瞒老兄,小弟此次造访,是想借点粮食。”

鲁肃一看周瑜丰神俊朗,显而易见是个才子,日后必成大器,顿时产生了爱才之心。他根本不在乎周瑜现在只是个小小的居巢长，哈哈大笑说：“此乃区区小事,我答应就是。”

鲁肃亲自带着周瑜去查看粮仓,这时鲁家存有两仓粮食,每仓各三千斛,鲁肃痛快地说:“也别提什么借不借的,我把其中一仓送与你好了。”周瑜及其手下一听鲁肃如此慷慨大方,都愣住了。要知道,在如此饥荒之年,粮食就是生命啊！周瑜被鲁肃的言行深深感动了,两人就这样成为挚友。

后来周瑜发达了,真的当上了东吴大都督,他牢记鲁肃的恩德,将他推荐给了孙权,鲁肃终于得到了为国效力的机会。

鲁肃在周瑜最需要粮食的时候送给了他一仓,这就是所谓的“雪中送炭”。

在生活中,很多人总是在别人不是很需要的时候拉上一把,以达到锦上添花的效果。但往往没想到,其实,锦上添花,不如雪中送炭。当他人口干舌燥之时,你奉上一杯清水,胜过九天甘露。如果大雨过后,天气放晴,再送他人雨伞,这已没有丝毫意义了;如果人家喝醉了,再给人敬酒,这未免太过于虚情假意了。我们在帮助别人时一定要注意这些细节。

第二课 跟孔子学国学中的仁爱之道

人物简介：

孔子(公元前551—前479年)，名丘，字仲尼，是春秋时期鲁国陬邑(今天山东省曲阜市东南的一个小地方)人。我们今天称呼他为孔子，是表示一种尊敬。

从30岁起，孔子开始在杏坛讲学，广收门徒。根据《史记》的记载："孔子以诗书礼乐教，弟子盖三千焉，身通六艺者七十有二人。"他的学生，形形色色，各有千秋，在历史上留下了很多趣话、佳话。孔子与学生的交流，也成为他解说、阐释自己思想的重要途径。

孔子开创的儒学思想博大精深，而其中的核心，就是"仁"，而"仁"的本质就是"仁者爱人"。

孔子所说的仁，不仅是一种伦理道德的要求，更是他的理想人格和精神追求。

在《论语》中，有多处记载了孔子对人的态度和观点。例如，在《颜渊》篇提到的"樊迟问仁，子曰爱人"，在《学而》篇提到的"泛爱众，而亲仁"，在《八佾》篇中提到的"人而不仁，如礼何"等，都是孔子对仁的解说。按照这种解说，我们生活的最高境界，就是达到"仁"的境界。而要做到这一点，最根本的就是"爱人"，即爱护、尊重、关心他人，严于律己，宽以待人。

1.宽容是终身奉行的原则

子贡问曰:“有一言而可以终身行之者乎?”子曰:“其恕乎!”

——《论语·卫灵公》

子贡曾问孔子:“老师,有没有一个词,可以作为终身奉行的原则呢?”孔子说:“那大概就是宽恕吧!”

《宋元学案》中说:“胜人人必耻,下人人必喜;耻生竞,喜生敬。”意思是:谦恭礼让是君子的风范,斤斤计较是小人的行为;不与人争名利,退一步或可进百步。这句话说的正是宽容的风范与魅力。

齐桓公在与公子纠争位时曾挨过政敌管仲的一箭,差点丢了性命。应该说齐桓公与管仲之仇不共戴天,可是,当齐桓公登上国君之位后,却敏锐地意识到齐国的发展需要管仲这样的人才,因而听从了鲍叔牙的劝说,以博大的胸襟宽容并重用了管仲。由于齐桓公以毫无芥蒂的重用回报当年的一箭之仇,深深地感动了管仲,从此,管仲便尽心致力国事,鞠躬尽瘁,最终助齐桓公富国强兵,成功实现了“尊王攘夷”,率先登上春秋霸主之位,成就了彪炳千秋的历史伟业。

蔺相如也是以德报怨的楷模。他以超人的勇气和智慧,让赵国的镇国之宝和氏璧完整地回到了赵国。后来,在秦赵两国的渑池之会上,当赵王处境非常尴尬之时,他又凭借自己的睿智和胆识,帮助赵王摆脱了受辱的困境,维护了国家的尊严。由于其功劳显赫,得到赵王的重用和封赏顺理成章,天经地义。可是,生性刚直粗犷的大将军廉颇却偏偏对蔺相如很不服气,扬言一定要找个机会羞辱位居自己之上的蔺相如。而蔺相如听说后,不但没有嫉恨和报复,反而为了避免发生不愉快,宁愿一直躲着廉颇,即使是两人的马车在路上不巧相逢,蔺相如也让车夫退避以礼让廉颇。

蔺相如的宽厚和仁义最终感动了廉颇, 使廉颇意识到自己的小肚鸡肠。后来,惭愧难当的廉颇亲自到蔺相如府上负荆请罪,请求蔺相如的原谅和惩罚,原来不和的文武二臣终于消除了冷战和误解,从此结为生死之交,在战国后期风雨飘摇的形势下,共同支撑和维护着赵国的江山社稷。

莎士比亚说:宽容就像天上的细雨滋润着大地。它赐福于宽容的人,也赐福于被宽容的人。

宽恕别人的错误不只是放他人一马,更是对自己的善待。

报复常常使仇恨者和被恨者双方都陷入越来越深的痛苦深渊中。当我们的心灵为自己选择了宽恕的时候,我们便获得了应有的自由,因为我们已经放下了仇恨的包袱。

当然,消除内心的仇恨并不是一件容易的事,当你心中充满怨恨的时候,如果一味强迫自己忘记,恐怕会适得其反。有的时候不妨换一种思路,尝试暂时承认心中的仇恨,因为从某种意义上来讲,正视自己心中的仇恨,那就意味着你走出了宽恕的第一步。

2.君子要有不念旧恶的高尚品格

子曰:伯夷、叔齐不念旧恶,怨是用希。

——《论语·公治长篇》

孔子说:“伯夷、叔齐两个人从来不记别人过去的罪恶,因此别人对他们的怨恨自然也就少了。”孔子一向都非常赞赏伯夷、叔齐的高尚品格,对他们这种不念旧恶的博大胸怀更是倍加推崇。

在东汉末年的宛城之战中,张绣投降曹操后,又乘着曹操不备,伺机发难,杀了曹操的长子曹昂、侄子曹安民和爱将典韦,就连曹操自己的左臂也被张绣的士兵乱箭射伤,险些死在了乱军之中。这可算是曹操戎马生涯中少有的几次险境之一。两人之间的仇怨不可谓不深。后来,张绣为躲避袁绍的报复,又再次向曹操投降时,曹操非常热情地迎接他。曹操的一个部下进言道:“张绣与您有大仇,为什么不杀了他呢?”曹操却说:“张绣当初之所以能令我损子折将,那是因为他有本事,是个人才。”因而不仅既往不咎,未报杀子之仇,而且还与张绣结成了儿女亲家,并封张绣为扬武将军。

就曹操的人品而言,史书上众说纷纭,不过无论哪家的学说,都没有把他标榜为一个坦荡君子。刘备、孙权、曹操,汉末三国的三位君主中,曹操是被人诟病最多的了,但魏国却比蜀吴两国更加强大,这当中曹操那不念旧恶的品格无疑为他吸引人才,帮了他大忙。

不念旧恶需要的是宽广的胸怀,不看从前,而着眼未来。放过小恶,只观其大善之处,多多发现人性的闪光点。

世上人有千百样,在人际交往中难免会遇到不喜欢自己的人,冲突亦

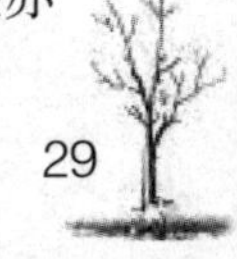

是在所难免。若是以无礼反击无礼，只会引起更激烈的人际冲突。如果你保持温和的态度，就能有效化解别人的强硬态度，使自己立于不败之地。假如别人无礼的态度使你很受伤，那固然说明对方缺少修养，也说明你的内心过于软弱。与其仇视对方，不如努力锤炼自己的心理承受能力。

有人说人生会遭遇到完全不同的“三种人”。第一种是能够理解“欣赏和器重自己的人”；第二种是曲解“中伤甚至排斥自己的人”；第三种是与自己毫无关系“无关痛痒的人”。第一种人对自己有知遇之恩，应当尊为师友，滴水之恩当涌泉相报。第二种人可以智慧地远离，而不应烦恼和计较。第三种人要以礼相待、和平共处。但是真正的智者，即便对于不喜欢自己的人，依旧可以感化他、善待他。

心宽了，路自然也就宽了。敞开心胸善待不喜欢自己的人，这其实是一种勇气和智慧。假如我们遇到不喜欢自己的人，我们以怨报怨，以牙还牙，冷落他，侮辱他，仇视他，也许结果会很糟糕。

《资治通鉴》上记载着这样一个故事，狄仁杰与娄师德曾经一同担任宰相。狄仁杰非常不喜欢娄师德。有一天，武则天问他说：“你知道我之所以重用你的原因吗？”狄仁杰回答说：“我因为文章出色和品行端正而受到重用，并不是依靠别人而庸碌成事的。”过了一会，武则天对他说：“我曾经不了解你，你之所以升至如此高的官位，全仗娄师德举荐。”于是令侍从拿了十几份娄师德推荐狄仁杰的奏折给他看。狄仁杰读了之后，羞愧得无地自容。狄仁杰后来说：“我没想到竟一直被娄公容忍！而娄公从来没有自夸的神色。”

人生在世，免不了要和别人相处，由于每个人的文化水平、工作生活、性格爱好等都不同，相处久了，难免会发生磕磕碰碰，严重的甚至就会产生仇恨的心理，导致兄弟反目、婆媳不和、同事争执等等。《左传·宣公二年》有云：“人孰无过，过而能改，善莫大焉。”人的一生，有谁能够保证自己没有犯过错误，如果仅仅因为一个错误，就去否定一个人，那未免有失偏颇。

其实，有些矛盾只是些小问题，只要有一方豁达一些、大度一些，该宽容的宽容，该忘记的忘记，问题就会迎刃而解，干戈也会化为玉帛。

3.诚信是立身的根本

吾日三省吾身。为人谋而不忠乎？与朋友交而不信乎？信不习乎？

——曾子

作为一个有德行而对社会有责任心的人，在社会交往中，诚信是做人的美德。与朋友交往更要讲诚信。

"君子养心莫于诚，致诚则无它事矣。"为官从政要"慬而信"，"敬事而信"，"言而有信"。孔子说："信近于义，言可复也。"一个做事做人均无信的人，是很难在社会上立足的，因为人们都不齿于言而无信的人。所以，孔子说："言而无信，不知其可也。"信是离不开诚的，诚是信的基础和保证，诚挚待人，才能严守信义。

一个人不受信任，是因为他不讲信用；反之，一个人受人信任，是因为他说话算数。也就是言必行，行必果。说得通俗一点，以诚信待人，是成大事者的基本做人准则，道理很简单，诚信为全天下第一品牌！养成诚实守信的习惯，在事业上用这种习惯来工作，方可在竞争中取得胜利。

魏晋时有个叫卓恕的人，为人笃信，言不食诺。他曾从建业回上虞老家，临行与大傅诸葛恪有约，某日再来拜会。到了那天，诸葛恪设宴专等。赴宴的人都认为从会稽到建业相距数百里，路途之中很难说不会遇到风波之险，怎能如期。可是，"须臾恕至，一座皆惊"。

待人以诚，就是信义为要。精诚所至，金石为开，诚能感化万物，也就

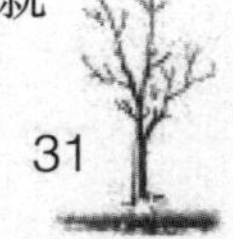

是所谓的“心诚则灵”。相反，心不诚则不灵，行则不通，事则不成。一个心灵丑恶、行事虚伪的人根本无法取得人们的信任。

所以，荀子说：“天地为大矣，不诚则不能化万物；圣人为智矣，不诚则不能化万民；父子为亲矣，不诚则疏；君子为尊矣，不诚则卑。”

明代诗人朱舜水说得更直接：“修身处世，一诚之外更无余事。故曰：‘君子诚之为贵，’自天子至于庶人，未有舍诚而能行事也；今人奈何欺世盗名矜得计哉？”所以，诚是人之所守，事之所本。只有做到内心诚而无欺的人，才是能自信、信人并取信于人的人。

中国人特别崇尚忠诚和信义，因为诚信是为人处世的根本。而“信、智、勇”更是人自立于社会的三个条件。

《说文解字》把信和诚互为解释，信即诚，诚即信。古时候的信息交流没有别的方式，只能凭人带个口信，而传递口信之人必须以实相告，这就是诚或信的本义。“言必信，行必果，诺必诚”是中国人与他人、与社会交往过程中的立身处世之本。中国是靠礼义行事的德治国家，言行靠自律与自省。

在中国古人的观念中，法和刑是同义的，因此遇到问题不是靠打官司去解决，而是靠协商解决，在相互谦让的基础上通过调解达成一致，不希望闹到“扯破脸皮”、“对簿公堂”的地步。有些上当受骗的人往往在事后采取忍让和不再交往的办法，因为他们对自己的要求并未改变，依然坚持用诚信的态度处世为人。靠道德的约束而忽视法制的作用，在现代社会已被证明是不可行的，然而，“诚信”在法制化的前提下，随着社会文明的发展，也在人们的相互交往中发挥着愈来愈大的作用。

一个胸有大志的人，要做到诚挚待人、光明坦荡、宽人严己、严守信义。只有这样，才能赢得众人的信赖和支持，从而为事业发展打下良好的基础。

三国时，诸葛亮第四次出祁山，所率兵马只有10多万人，而司马懿却有精兵30万，蜀、魏两军在祁山对阵，正在这紧急时刻，蜀军有1万人因服役期满，需退役回乡。而离去1万人，会大大影响蜀军的战斗力。服役期满的士兵也忧心忡忡，大战在即，回乡的愿望恐怕要化为泡影。这时，将领们共同向诸葛建议：延期服役一个月，待大战结束后再让老兵们还乡。

诸葛亮断然地说："治国治军必须以信为本。老兵们归心似箭，家中父母妻儿望眼欲穿，我怎能因一时需要而失信于民呢？"说完，诸葛亮下令各部，让服役期满的老兵速速返乡。诸葛亮的命令一下，老兵们几乎不敢相信自己的耳朵，随后一个个热泪盈眶，激动不已，决定不走了。"丞相待我们恩重如山，如今正是用人之际，我们要奋勇杀敌，报答丞相！"老兵们的激情对现役的士兵则是莫大的鼓励。蜀军上下群情激愤，士气高昂，在形势不利的情况下击败了魏军，诸葛亮以信带兵，取得了以少胜多的战绩。

人无信不立，良好的信誉会给自己的行动带来意想不到的便利；诚实、守信也是形成强大亲和力的基础；诚实守信的人会使人产生与你交往的愿望，在某种程度上，会消除不利因素带来的障碍，使困境变为坦途。

4.一诺千金,事业才能一帆风顺

世风之狡诈多端,到底忠厚人颠扑不破,末俗以繁华相尚,终觉冷淡处趣味弥长。

——《围炉夜话》

这句话意思是说,尽管社会上偶有尔虞我诈的风气,但说到底还是忠厚老实人能永远立于不败之地。腐朽的社会习俗争相以奢靡浮华为时尚,但毕竟还是在清净平淡之中体会到的淡泊趣味更为持久绵长。

尽管社会上“假”确实存在,但我们绝不能因此而丢弃诚实这一做人的准则,这对于整个社会的良性发展有利,也能更好地完善我们的品行,使我们能更好地与人交往。

日本著名企业家吉田忠雄在回顾自己的创业成功经验时说:“为人处事首先要讲求诚实,以诚待人才会赢得别人的信任,离开这一点,一切都成了无根之花。”

在创业初期,他曾经做过一家小电器商行的推销员。开始的时候,他做得并不顺利,很长时间业务并没有什么起色,但他并没有灰心,而是坚持做下去。有一次,他推销一款剃须刀,半个月内同20位顾客做成了生意,但是后来突然发现,他所推销的剃须刀比别家店里的同类型产品价格高,这使他深感不安。经过深思熟虑,他决定向这20位客户说明情况,并主动要求向客户退还价款上的差额。

他的这种以诚待人的做法深深感动了客户,客户不但没收价款差额,

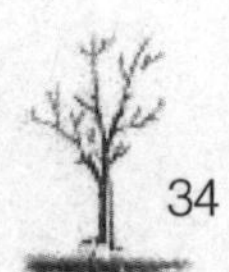

反而主动要求向他订货，并在原有的基础上增添了许多新品种，这使他的业务量急剧上升，很快得到了公司的奖励，也为他以后自己创办公司打下了良好的基础。

“精诚所至，金石为开”一语道出诚实的巨大力量。一个成功的企业，不仅要有正确合理的管理制度，明确的经营方针，和谐的团队合作，更重要的是要诚信务实。诚信不仅是每个人所应遵从的最基本的道德规范，而且也是处理好企业与顾客关系的准则。

一个犹太商人在集市上，从一个阿拉伯人那里买了一头驴回到家，家里人一见非常高兴，就把驴牵到河边洗澡。恰好此时，驴脖子上掉下来一颗很大的钻石，光芒四射，家里人欢呼雀跃，认为这是天赐的礼物。当家里人兴高采烈地把这颗钻石带回家时，犹太商人却平静地说：“我们应该把这颗钻石还给那位阿拉伯人。”

家人感到不解，犹太商人严肃地说：“我们买的是驴，不是钻石，我们犹太人只能买属于我们自己的东西。”于是把钻石送还给那位阿拉伯人。

阿拉伯人见到钻石很惊奇，对犹太商人说道：“你买了这头驴，钻石在这头驴身上，那你就拥有了这颗钻石，你不必还我了，还是自己拿着吧。”犹太商人回答说：“这是我们的传统，我们只能拿支付过金钱的东西，所以钻石必须还给你。”

两千多年来，大多数犹太人就是这样，经商的时候一定讲诚信。他们认为诚信经商是商人最大之善，因此在生意场上，他们最为看重诚信，对于不诚信的人，他们是无法原谅的。

诚信是一种智慧。诚信不仅属于德的范畴，也属于智的范畴，它是人们为了争取长期生存与发展而采取的一种理智选择。

清朝乾隆年间，苏州有一个普通生意人叫谢阿明，他专营水果，在苏州大街小巷叫卖。他做生意讲究信誉，从不失约。有一天，苏州临顿路一个叫夏子英的人向谢阿明定购了一些水果，交了定金也约好了送货日期。可是事不凑巧，到了那一天货没按时送来，这可急坏了有约在先的谢阿明。眼看着无法按约送货，于是他拿着定金来到夏子英的家里说明情况，并把钱还给了他。夏子英不以为然地说："你明天送来也不晚嘛！"谢阿明回答说："我既然说过要今天送给你，就不能拖到明天，失信于你！"执意把钱退给了夏子英。

凡是事业发展快、经济实力强的企业，谈起他们的成功之道，无不是"诚信至上，信誉第一"，那种不讲"诚信"的企业，只能取悦于一时，却不能取胜于一世。经商之道，诚信是金，这才是立足商海的至理名言。

在你的事业中，养成守信的习惯是非常重要的。只有守信的人，才会受人信任，才会有很强的亲和力，才会有更多的人加入你的事业。只有做到了一诺千金，你的事业才会像水一样浩浩荡荡奔腾向前。

5.远离名利的陷阱

芝兰生于深林,不以无人而不芳,君子修道立德,不为窘困而改节。

——《孔子家语·在厄》

“兰花生长在幽深的树林之中,环境清幽,人迹罕至,但是它不因为没人观赏就缺少芳香;君子修养自身道德,不因为处境艰难就改变节操。”

孔子用这段话,表明自己要像深林里的芝兰一样,不因为穷困而改变节操的君子气概。

当时,孔子路经陈蔡去应楚国的聘请。陈蔡的统治者担心以孔子的圣贤一旦为楚国所用,就会危及到自己国家,便派兵包围孔子,阻止他前行。这导致孔子粮食断绝,跟随他的人都生病了,但是孔子却不因处境艰难而放弃追求,而是更加慷慨地讲诵诗书。

子路因处在困境而气恼,问孔子:“善有善报,恶有恶报,为什么讲仁德的人却被困?”

孔子就用这段话开导他:“历史上有才有德而不被接纳的人很多,怎么做在于自己,而回报与否则在于天。”

孔子具有芝兰一样的精神,在困境中保持品行高洁,值得我们敬仰和学习。我们做人,要立志做品德高尚的人,要有坚定的信念和顽强的意志,不为不正当的物质利益所动,要经得起艰难困苦的考验。

道德沦丧都是因为求名,智谋凸显都是因为争强。名引起了相互倾轧;智是相互争强的手段。两者都是凶器,是不可以过分倚重的。

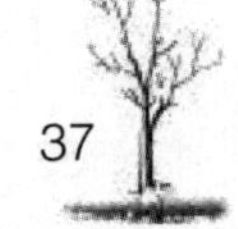

名利闪耀着熠熠的光芒，梦幻般迷人。人们往往会穷尽一生的力量去追逐，但却不知道，在这华丽的背后，是一个陷阱。若是痴缠于名利，就会落入这美丽的陷阱而懵然不觉。名利在给予人们想要的虚荣之后，会紧紧地束缚住人的心，使其始终沉重而不得解脱。

世间之人总是难以摆脱名利的诱惑，一个又一个的人加入到追逐名利的大军中，跌入名利的陷阱而不自知。名利是外物，然而，人们的生活却总是被外物所累，得不到解脱。

居里夫人被称为“镭之母”，因其重大的科学成就而举世闻名，她一生多次获得各种奖金，收获各种奖章16枚，各种荣誉头衔117个，但是对此她全然不在意。

有一天，她的一位朋友来拜访她，见她的小女儿正在玩着一件东西，朋友仔细一看，不由吓了一跳，那个在地上滚来滚去的东西，竟然是英国皇家学会刚刚发给居里夫人的一枚金质奖章。

他急忙问：“居里夫人，能够得到一枚英国皇家学会的奖章，这是极高的荣誉，你怎么能给孩子玩呢？”

居里夫人却笑了笑说：“我是想让孩子们从小就知道，荣誉就像玩具，只能玩玩而已，绝对不能永远守着，否则就将一事无成。”

哲人说：世上有两样东西最能帮人，也最能害人：一是金钱，二是名声！世人只知道功名利禄会给人带来幸福，因此不遗余力地追逐，殊不知功名利禄也会给人带来痛苦。

名利皆是虚浮之物，得到固然值得高兴，得不到也不必强求。不要忘了，虽然名利能带给人们满足感，但它是人世间各种矛盾、冲突的重要起因，也是人生之中诸多烦恼、愁苦的根源所在。

庄子说：“不为轩冕肆志，不为穷约趋俗，其乐彼与此同，故无忧而已矣。”只有将名利放下，才能无欲则刚，才能远离名利的陷阱。

6.知人者智，自知者明

子谓子贡曰："女与回也孰愈？"对曰："赐也何敢望回？回也闻一以知十，赐也闻一以知二。"

——《孔子家语·在厄》

孔子问子贡："你和颜回哪一个强？"子贡答道："我怎么敢和颜回相比？他能够以一知十；我听到一件事，只能知道两件事。"

生活中，导致失败的原因，往往是当事者没有自知之明，既没有发现客观世界的奥秘，也没有发现主观世界的长短。归根到底，还是因为他们不了解自己。孔子的弟子——子贡对此有深切的感受。

子贡的自知是明智，子贡的从容更是胸怀博大。他虽不及颜回闻一知十，但却以其独特的人格魅力传之千古。

自知，就是要知道自己、了解自己。"人贵有自知之明"，把人的自知称之为"贵"，可见人是多么不容易自知；把自知称之为"明"，又可见自知是一个人智慧的体现。人之不自知，正如"目不见睫"——人的眼睛可以看见百步以外的东西，却看不见自己的睫毛。

人都喜爱听好话、奉承话。不自知的人听到好话、奉承话，便会信以为真，飘飘然，没有考虑这些好话的背后的真正目的。由于生物遗传密码的千差万别，造就了每个人的优点特长和缺陷短处，后天教育与环境的差异更是造就了不同的志趣、性格和风采。其中既有迷人之处，又有遗憾之处。它可能是爽朗、是幽默、是仁慈、是热情、是勤快、是深沉。当这些"自我"真实地表露出来时，其魅力一定最动人。牵强自己，一味要求自己与令我们羡慕的人看齐,常常会错失美好的东西,而处于尴尬与痛苦之中。

《战国策·齐策》中的邹忌就很有自知之明,没有被旁人的吹捧搞昏了头脑,他说:“妾之美我者,畏我也;客之美我者,欲有求于我也。”这里,他把吹捧者的内心揭示无余,因此也就不会被“妾”和“客”所欺骗。

人贵有自知之明。可怕的自我陶醉比公开的挑战更危险。自以为是者不足,自以为明者不明。自明,然后能明人。流星一旦在灿烂的星空中炫耀自己的光亮时,也就结束了自己的一切。

再说知人,孔子认为,人分五个层次:庸人、士人、君子、圣人、贤人。若能清清楚楚地分辨这五类人,那么长治久安的统治艺术就全明白了。”

那些被称作“庸人”的人,内心深处没有任何严肃慎重的信念,做事马马虎虎,有头无尾,为人处世从不善始善终,满口胡言。其所结交的朋友三教九流,唯独没有品学兼优的高人。他们不是扎扎实实地安身立命,老老实实地做事做人,而是见小利忘大义。他们随波逐流,自制力差,总是把持不住自己——总而言之,有诸如此类表现的,就是没出息的“庸人”。

那些被称作“士人”的,有信念,有原则,虽不能精通大道和人道的根本,但向来都有自己的观点和主张。虽不能把各种善行做得十全十美,但必定有值得称道之处。因此,他不要求智慧有多少,言语理论不求很多,但只要是他所主张的,就务必中肯简要;他所完成的事业不一定很多、很伟大,但每做一件事都务必要明白为什么。他的思想非常明确,言语扼要得当,做事有理有据,犹如人的形体一样和谐统一,这样的人就是一个人格和思想非常完整、独立的知识分子,外在力量是很难改变他的。所以,一旦他富贵了,也看不出富贵的生活对他有何增益;如果他贫贱了,也不会对他造成什么坏的影响——这就是“士人”,亦即知识分子的主要特点。

“君子”的特征是说话一定诚实守信,心中对人不存忌恨。秉性仁义但

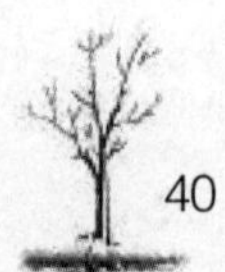

从不向人炫耀，通情达理，明智豁达，但说话从不武断。他们行为一贯，守道不渝，自强不息。在别人看来，他们显得平常、坦然，并无特别出众之处，然而真要在人生的境界上赶上他们，却很难做到。这才是真正的“君子”。

对于什么是“君子”，荀子的看法是：“君子可以做到被人尊重，但未必一定要让人尊重自己；可以做到被人相信，但未必一定要让人信任自己；可以做到被人重用，但未必一定要让人重用自己。所以君子以不修身为耻辱，不以被诬陷为耻辱；以不讲信义为耻辱，不以不被别人信任为耻辱；以无能为耻辱，不以不被任用为耻辱。不被荣誉所引诱，不因诽谤而怨恨，自然率性地做他自己的事，端方正直地约束自己，这就叫君子。”

“贤人”的主要特征是品德合于法度，行为合于规范，其言论足以被天下人奉为道德准则而不伤及自身，其德行足以教化百姓而不损伤事物的根本。他们能使人民富有，然而却看不到天下有积压的财物；他们好善乐施，普济天下，从而使民众没有什么疾病和贫困。这就是“贤人”。

而所谓“圣人”，则必须达到自身的品德与天地间的自然法则融为一体的境界，来无影，去无踪，变幻莫测，通达无阻。他们对宇宙万物的起源和终结已经彻底参透，与天下的一切生灵、世间万象融洽无间、自然相处，把大道拓展成自己的性情，光明如日月，芸芸众生永远不能明白他们的品德有多么崇高伟大，即使领悟到一点，也不能真正了解其德行的尽头在哪里。所以，只有达到这种境界的人才是“圣人”。这样的人，古往今来也寥寥无几。

人与人是不同的，德有高下，性有贤愚。人与人之间的差异之大，足以成为人与动物的首要区别，这是大自然的道理。知道了各类人等的确切定义，才能知道自己该做一个怎样的人，才能知道管的是些什么样的人。

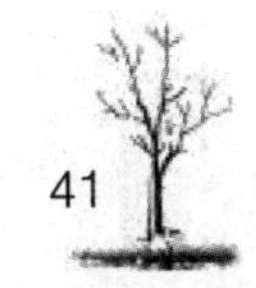

7.自满者,人损之;自谦者,人益之

子曰:如有周公之才之美,使骄且吝,其余不足观也已。

——《论语·泰伯》

孔子说:“一个人即使有周公那样完美的才能,如果骄傲自大而又吝啬小气,那其他方面也就不值得一提了。”

《尚书·大禹谟》中有云:“满招损,谦受益!”这句话的大概意思是:满足自己已取得的成绩,将会招来损失和灾害;谦逊并时时感到自己的不足,就能因此而得益。这和“谦虚使人进步,骄傲使人落后”是一个道理。

为什么会是这样呢?后面“器虚则受,实则不受”一句就是解释。一个容器,只有里面是空的,才能装下新的东西,满了自然是装不下的。一个人也是,只有谦虚,才能不断地接受新思想新知识,才能不断进步,骄傲自满只能令人停步不前。

大鹏翱翔于九霄之上仍然奋翅,而蟾蛙坐于井底望着头顶上的一方天空却沾沾自喜。千百年来,很多人因为明白了“满招损,谦受益”的深刻含义并身体力行而逢凶化吉,成就大业。也有为数不少的人因为没有理解和践行“满招损,谦受益”而功败垂成。

马谡乃是三国时期蜀国将领,深受诸葛亮喜爱,公元228年,诸葛亮率军十万北伐曹魏,乃命马谡镇守街亭。临行前诸葛亮再三嘱咐:“街亭虽小,关系重大。它是通往汉中的咽喉。如果失掉街亭,我军必败。”并具体指示让他靠山近水安营扎寨,谨慎小心防守。

马谡到达街亭后，不按诸葛亮的指令依山傍水部署兵力，而是带着大军部署在远离水源的街亭山上。当时，副将王平提出："街亭一无水源，二无粮道，若魏军围困街亭，切断水源，断绝粮道，我军则不战自溃。请主将遵令履法，依山傍水，巧布精兵。"

马谡不但不听劝阻，反而自信地说："马谡我通晓兵法，世人皆知，连丞相有时都请教于我，而你王平手不能书，知何兵法？"接着又洋洋自得地说："居高临下，势如破竹，置死地而后生，这是兵家常识，我将大军布于山上，使之绝无反顾，这正是致胜之秘诀。"

王平再次谏阻："如此布兵危险。"马谡见王平不服，便火冒三丈说："丞相委任我为主将，大军指挥我负全责。如若兵败，我甘愿革职斩首，绝不怨怒于你。"

结果，魏将张郃探得蜀军虚实后，立即挥兵切断水源，掐断粮道，将马谡部围困于山上，然后纵火烧山。蜀军饥渴难忍，军心涣散，不战自乱。张郃命令乘势进攻，蜀军一时间大败，街亭失守。

一个人骄傲自满，就会妄自尊大，就会自以为是，听不进别人的逆耳忠言，看不到自己缺点和不足，于是自己的缺点就会越来越严重，自己的优势也在一点一滴地损失殆尽，最终在残酷的竞争中沦为失败者。

而与之相反，一个谦逊虚心的人能够听取别人的不同意见，集思广益，懂得天外有天，山外有山，能看到别人的长处，发现自己的不足，从而取长补短，不断丰富和充实自己，最终迈向成功。

孙叔敖做了楚国的令尹，一国的官吏和百姓都来祝贺。但唯有一老者，穿着粗布衣，戴着白色帽子，最后来到孙府。他不是祝贺，而是吊丧的。孙叔敖并没有怪罪他，反而整理衣帽非常礼貌地出去见他，他对老人说："楚王了解我的才能，让我担任令尹这样的高官，人们都来祝贺，只有您来吊丧，莫不是有什么话要指教吧？"

老人说："是有话说。当了大官，对人骄傲，百姓就要离开他；职位高，又大权独揽，国君就会厌恶他；俸禄优厚，却不满足，祸患就可能加到他身上。"

孙叔敖向老人拜了两拜，说："我诚恳地接受您的指教，还想听听您其余的意见。"

老人说："地位越高，态度越谦虚；官职越大，处事越小心谨慎；俸禄已很丰厚，就不应索取分外财物。您严格地遵守这三条，就能够把楚国治理好。"

孙叔敖听完老人的话之后，躬身拜谢！

孙叔敖因为谦恭待人，无意之中获得了三条宝贵意见。唐朝名相魏征曾说："自满者，人损之；自谦者，人益之。"骄傲自大的人，自然就会遭人嫉恨，所以别人会贬低他，损害他；谦虚的人，处处与人为善，与人相处让人如沐春风，因此别人都会称赞他。

一日，孔子带领弟子到鲁桓公祠瞻仰时，见到倾斜的器皿。孔子向守庙人问道："这是什么器皿？"守庙者答道："这是专放在座右的器具。"孔子说道："我听说这种座右的器皿，空着时就倾斜，盛水适中就端正，盛满了水便整个倒翻过来。"

孔子回头对学生们说："往里灌水！"学生们将水灌了进去。果然水适中时便端正地立起，全盛满时，它便整个倒翻过来；水流尽时，它又像开始那样倾斜着。孔子看了，叹息说道："唉！一切事物哪有满而不覆的道理呢？"

子路疑惑，进一步向孔子问道："要保持满而不覆的状态，有什么办法吗？"孔子就告诫子路说："只有做到智高不显锋芒，居功而不自傲，勇武而保持以小心，富有而不夸显，谦虚谨慎，戒骄戒躁，才能保持长久而不致衰败！"

谦逊也好，不居功以免妒忌也好，都是立身处世的艺术。尤其是在人际关系复杂的环境下，不锋芒毕露，不居功自傲的确是非常高深的修养。

8.益者三友，损者三友

益者三友，损者三友。友直、友谅、友多闻，益矣。友便辟、友善柔、友便佞，损矣。

——《论语》

朋友一词，在我国古已有之。《诗经》载："嘤其鸣矣，求其友声。"在《警世通言》中，也有过"春风满面皆朋友，欲觅知音难上难"的感叹。可见，交友之道，在我国是源远流长的。

俗话说：一个篱笆三个桩，一个好汉三个帮。人生在世，是离不了朋友的。记得马克思曾经说过：人的生命离不开友谊，但要获得真正的友谊，却不容易。

"朋友"之中，固然有"道义相砥，过失相规"的"畏友"，"缓急可共，生死可托"的"密友"，但也有"甘言如饴，游戏征逐"的"昵友"，还有"利则相攘，患则相倾"的"贼友"。再说，骗子有屏风，屠夫有帮手，他们之间，也可以叫做"朋友"的。

由于"朋友"有多种多样，慎重选择真朋友，就成了交友之道的第一要义。

陈毅曾说："难得是诤友，当面敢批评。"诤友，即"友直"，就是直言过失，能够互相批评劝勉的朋友。这是"益友"之冠，交朋友首先就要交诤友。古人说："人非圣贤，孰能无过！"其实，"夫过者，自大贤所不能免。"犯了错误，能够有朋友及时指出来，帮助改正，甚至打预防针，使之防患于未然，实在是人生一大幸事。

三国时，东吴的吕岱和徐原就是一对诤友。吕岱有什么过失，徐原总是毫不客气地给以批评。有人看不惯，在吕岱面前议论，吕岱说："这正是我看中徐原的地方啊！"徐原去世时，吕岱痛惜流泪说："从今而后，我还能从哪里听到自己的过失呢？"

诸葛亮也有不少朋友。而在他的众多朋友中，他最敬佩的莫过于徐元直和董幼宰，何以如此？在《与群下教》中诸葛亮说得很明白，他说：有的人不肯把对我的意见尽量说出来，只有徐元直不计较个人的得失，知无不言，言无不尽。另外还有董幼宰，他在幕府里做了七年事，看到我处事有不妥之处，能三番五次甚至十次地提醒我。如果你们能做到徐元直的十分之一，能像董幼宰那样认真负责，忠于国家，就可以减少我的过错了。

原来，徐、董二位都是诸葛亮的诤友，也是对他帮助最大的朋友啊！诤友是最难得的、最好的朋友，交友就要交诤友。而对于"当面说好话"，以投人所好为能事的人，则是交友时需要警惕的！

墨子在《所染篇》中把择友比作染丝。他说："染于苍则苍，染于黄则黄，所入者变，其色亦变。五入而已为五色，故染不可不慎也。"

孔子打比方说："与善人居，如入芝兰之室，久而不闻其香，即与之化矣。与不善人居，如入鲍鱼之肆，久而不闻其臭，亦与之化矣。是以君子必慎其所处者焉。"为落实"慎其所处者"，他还提倡与正直的、讲信义的、见多识广的人交朋友，才能获得益处；与那种谄媚奉承、心术不正，华而不实的人交朋友，只会受到损害。

9.有德者朋友遍天下

子曰:德不孤,必有邻。

——《论语·里仁》

孔子认为:一个有道德的人是不会孤单的,一定会有志同道合的人来和他相伴。”

当今社会,有些人往往以功利的眼光,批判道德为无用之修养。出于道义、原则而放弃一些物质利益的人,往往会被人讥笑,说他们迂腐,甚至虚伪。但是真正的道德君子,只做有意义、有价值的事情,即使相当长一段时间内都不得不完全依靠自己的努力。但只要自己不懈地追求,最后总是会遇到支持他、认可他的朋友。

也许有人会说,有些人道德品质不好,个人修养难以恭维,可身边不是同样有许多朋友吗?然而,这样的“朋友”显然并不是真正的朋友。别人与这些人交往不是冲着其本身去的, 而是奔着覆盖在他们身上的权势光环去的,所以充其量只是“势利之交”。一旦其丧失了权力地位、没有了利用价值后,那些所谓的“挚友”也就会弃他而去。这也正如我们在前几章里所述的那样:“以利交友,利穷则散;以势交友,势倾则绝!”凭权势利益是交不到真正的朋友的。

万章问孟子:“如何交友?”孟子说:“不挟长,不挟贵,不挟兄弟而友。友也者,友其德也,不可以有挟也。”意思是:交友不依仗年长,不依仗富贵,不依仗亲戚。交友是以德交,不是为了依仗权势而交友。

国际交往中,一个国家要做要公正、诚信、守约,同时尊重他国,才能获

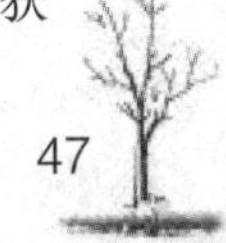

得别国的友谊。同样的，个人也是一样，一个人道德品质和修养的高下，是决定与他人相处得好与坏的重要因素。道德品质高尚，个人修养好，就容易赢得他人的信任与友谊；如果不注重个人道德品质修养，就难以处理好与他人的关系，交不到真心朋友。

道德是发展先进文化，构成人类文明，特别是低级文明向高度文明发展过程的重要因素和内容体现。它也是调节人与人之间和人与社会之间的行为规范。

一个有道德的人，在自己行德的同时，也会不由自主影响到身边的人，从而使身边的人也变得高尚，这也不失为一种“德不孤，必有邻”的法门。

有德的人，与人为善，凡事总能够先为别人着想，为事情的整体大局想。善良有德的人，心宽路自宽，有失亦必有得，终其一生是永远不寂寞的。“德不孤必有邻”，不求而自得。

10.别轻易透支人情

君子和而不同,小人同而不和。

——《论语》

几乎每个人都有过这样的感受:处理人际关系是件多么不容易的事。

如何适当地处理人际关系可说是老生常谈的新问题。精通人类相处之道的中国人,对于这点也有很多的名言可供参考,比如“君子之交淡如水”就是其中之一。

“君子之交淡如水,小人之交甘如醇,君子淡得以亲,小人亲得以绝,是故亲得以合者,乃得以亲而离。”君子是中国人的理想形象,而小人则被认为是无趣之人。

中国理想的与人相处之道,自然是偏向君子淡淡之交。

《论语》则以另一个角度来解释这样的事情:“君子和而不同,小人同而不和。”亦即君子虽富协调性,但却不做没有原则的协调。小人则刚好相反,容易妥协,却缺乏真正的协调性。《论语》还有一句:“君子周而不比,小人比而不周。”君子对人表示真正的友好,但却不偏袒。小人则偏袒,而却缺乏真正的友好。《史记》里也如是说:“君子交绝不出恶声。”亦即指君子绝交也不说对方的坏话。

中国人对“人际关系”开始都是保持一定的距离,不轻易把心交给对方,但一旦决定坦诚相见时,他们便敞开胸襟把你当作朋友交往。在人际交往中千万不要透支人情给这几类人:不孝顺父母的人;平时说话时总是一副高深莫测样子的人;喜欢在社交场合重复我们说过话的人;看到钱财眼睛放光的人；平时喜欢交头接耳的人；在社交场合爱拍胸脯的人；喜欢偷听别人谈话的人；习惯低着头，用眼睛余光看人的人。

1.不孝顺父母的人。

一个人最亲近的人应该是自己的生身父母，那是他最大的牵挂。但是有的人在人前公开责骂自己的父母，也许他是因为自己的父母没有别人的父母显赫，没有别人的父母光鲜。但是，一个人无论如何不能把父母当作自己的耻辱！我们可以想一想：一个连养育了他的父母都不放在心上，他会把一个陌路相逢的朋友当成知己吗？

2.平时说话时总是一副高深莫测样子的人。

契诃夫有一篇小说叫做《套中人》，主人公叫别里科夫，他在生活中一刻也离不开各种各样的“套子”：晴天带雨伞，耳朵塞棉花，把脸也躲藏在竖起的大衣领里。不仅如此，他还要把思想藏在“套子”里，甚至用“套子”去套别人的思想。这样的人能不让人感到恐惧？我们生活中也有这样的人，他们说起话来高深莫测，不轻易表达自己的意见、显露自己的感情，相处很久了，我们还是觉得他很难看透，这样的朋友我们敢交吗？

3.喜欢在社交场合重复我们说过的话的人。

这种人乍一接触，我们会认为他非常热情、考虑特别周全。在不同的领导面前，他的表现非常到位，比较容易获得领导的欢心。在交流的时候，他会重复我们说的话，比如，我们说：“这朵花真好看！”他马上会说“是，是好看！”通过这样的重复，他让我们感到他和我们是心气相通的。不过，我们可要注意：他顺着我们说的话，并不一定是他的心里话，一个连心里话都不肯说的人，怎么能成为我们可靠的朋友呢？

4.看到钱财眼睛放光的人。

在这种人眼里，最具有吸引力的就是金钱了，他可以非常客观地对我们进行评价，评估出我们对他究竟有多大的利用价值，然后开始围着我们转，想方设法榨取我们的价值。在这个阶段，他对我们可以说是有问必答，有诺必行,但随着我们利用价值的下降,他的热情程度也会下降,直到慢慢离我们远去。

5.平时喜欢交头接耳的人。

这种人在和我们说话时,唯恐被别人听见;在和别人说话时,唯恐我们听见。他四处传播"证据确凿"的小道消息,而且常常会说:"这件事我就告诉你一个人,可千万别说出去啊!"其实呢,满世界的谣言都是他给搬弄出来的。这种人数量不多,但危害很大,小者可以让朋友反目,大了可以造成团体失和,分崩离析。

6.在社交场合爱拍胸脯的人。

我们常常看到这样的人,他们在朋友面前把胸脯一拍:"没问题,这件事包在兄弟身上!"但这胸脯拍得越响,他的心里就越没底,不信走着瞧,睡一宿觉,第二天他就把答应我们的事情丢到了九霄云外,过些日子,我们再问他事情的进展如何,他能想起来才怪!

7.习惯低着头,用眼睛的余光看人的人。

这种人心里装着太多的不自信,造成了他的神经非常脆弱、特别敏感,他时时刻刻都在提防着,不要让自己成为别人耻笑的对象。对于我们和他开的很平常的玩笑,他会当真,会反复琢磨我们话语的含义。久而久之,他会对我们产生很深的误解。

8.喜欢偷听别人谈话的人。

这种人好奇心非常强,什么都想知道,但这种好奇心却是建立在一种阴暗的心理状态之上。一个喜欢偷听别人说话的人,他的心里一定有着不可告人的目的,这种人最好让他远离核心岗位,否则,就容易引起大麻烦。

9.小人。

每个地方都有,和"小人"的关系若处理不好,你就会常常吃亏。"小人"没有特别的样子,脸上也没写上"小人"二字,有些小人甚至还长得帅或长得漂亮,有口才也有内才,一副"大将之才"的样子,根本让你像想不到。不

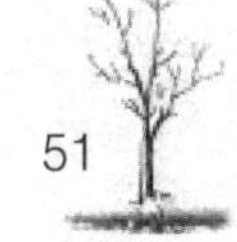

过,“小人”还是可以从行为分辨出来的。大体言之,“小人”就是做事做人不守正道,以邪恶的手段来达到目的的人。

总而言之,凡是不讲法、不讲理、不讲情、不讲义、不讲道德的人都带有“小人”的性格。一般来说,“小人”比“君子”敏感,内心也较为自卑,因此你不要在言语上刺激他们,也不要在利益上得罪他们,尤其不要为了“正义”而去揭发他们,那只会害了你自己。

第三课

跟荀子学国学中“学、思、行”结合之道

人物简介：

“吾尝终日而思矣，不如须臾之所学也。吾尝跂而望矣，不如登高之博见也。登高而招，臂非加长也，而见者远；顺风而呼，声非加疾也，而闻者彰。假舆马者，非利足也，而致千里；假舟楫者，非能水也，而绝江河。君子生非异也，善假于物也。”

“积土成山，风雨兴焉；积水成渊，蛟龙生焉；积善成德，而神明自得，圣心备焉。故不积跬步，无以至千里；不积小流，无以成江海。骐骥一跃，不能十步；驽马十驾，功在不舍。锲而舍之，朽木不折；锲而不舍，金石可镂。蚓无爪牙之利，筋骨之强，上食埃土，下饮黄泉，用心一也。蟹六跪而二螯，非蛇鳝之穴无可寄托者，用心躁也。是故无冥冥之志者，无

昭昭之明；无惛惛之事者，无赫赫之功。”

上面这两段告诫我们要学会学习、坚持学习的名段，出自《劝学》，该文的作者就是战国时期的儒家代表——荀子。荀子（约公元前313—前238年），名况，当时人们尊称他为荀卿，又称孙卿。赵国（今河北省、山西省南部）人。荀子是继孔子、孟子之后的儒学大师。

从思想渊源来说，荀子的思想源于儒家，同时也吸收了法家、道家的学说，形成了自己独特的风格。荀子是著名的思想家、文学家、政治家，和屈原一起被称为“辞赋之祖”。在荀子看来，天为自然，没有理性、意志、善恶之心。荀子将“天”、“天命”、“天道”自然化、客观化与规律化，提出了“天行有常，不为尧存，不为桀亡”的天命观。天道不会因为人的情感或者意志而有所改变，对人的善恶分别完全漠然置之。

以此为基础，荀子对传统的宗教迷信持批判的态度，认为自然的变化与社会的治乱吉凶没有必然的联系。他认为祭祀哀悼死者的各种仪式，仅仅是尽“人道”而非“鬼事”。在荀子看来，与其迷信天的权威，去思慕它、歌颂它，等待“天”的恩赐，不如利用自然规律为人服务。

1.学习没有年龄的限制

吾尝终日而思矣,不如须臾之所学也。

——《荀子·劝学》

学问,要通过不断地学习才能内化成自己的东西。一个人即使天赋再好,也不可能随便就将不是自己的知识据为己有,顶多是在学习的时候比别人快一些。同样的,一个人就算是天赋一般,但只要能坚持不懈地学习,那迟早也会有成大器的一天。

人生是需要不断充电的。整个社会都在不断前进,如果你不升级自己,那么唯一的后果就是被社会抛弃。只有不断地充实自己,我们才能让自己赢在人生的长跑途中。

知识长时间地搁置也会随着时间地推移而逐渐淡忘,若是不回头温习,再不吸收新的知识,只怕仅有的一点知识也会荡然无存。求学是个积累的过程,没有人可以不下苦功就拥有大学问,王安石在《伤仲永》中讲述了一个神童最终变成普通人的故事。

仲永天资聪慧,五岁即能指物作诗,且文理皆有可观者,一时之间他的名气传遍乡里。人人都感到很诧异,因此很多人就请仲永的父亲做客,拿钱请仲永作诗。仲永的父亲见有利可图,就拉着仲永四处作诗,耽误了学习。结果几年以后,这个神童就变得和众人一样。

葛洪说:“学之广在于不倦,不倦在于固志”。人的生命是有限的,而学

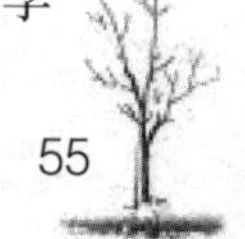

问是无限的。一个人有了一定的学问，又能够认识到自己的学识、能力还不够，能不断学习，不断进步，养成了这种习惯，学问将越积越多。学问积累得越多，就越有智慧，志向就越来越大，成就也越来越让人刮目相看。

左思是西晋太康年间著名的学者，他曾写过一部《三都赋》，在京城洛阳广为流传，人们啧啧称赞，竞相传抄，一下子竟使得“洛阳纸贵”。不少人都到外地买纸，抄写这篇千古名赋。

不过左思少年时并不是非常聪明，他貌不惊人，说话结巴，倒显出一副痴痴呆呆的样子。他的父亲左雍还曾对他的朋友说：“左思虽然成年了，可是他掌握的知识和道理，还不如我小时候呢！”

左思不甘心受到这种鄙视，开始努力学习。他读过东汉班固写的《两都赋》和张衡写的《两京赋》，虽然很佩服文中的宏大气魄，华丽的文辞，写出了东京洛阳和西京长安的京城气派，可是也看出了其中虚而不实、大而无当的弊病。从此，他决心依据事实和历史的发展，写一篇《三都赋》，把三国时魏都邺城、蜀都成都、吴都建业写入赋中。

他在卧室、厅堂、门前、厕所等平常出入的地方都放着书籍，以便随时学习，还在旁边放上纸笔，只要一想到好的句子，便写下来。如此，一直过了十年，功夫不负有心人，左思终于写出了传世华章《三都赋》，轰动了整个京师，左思也随之名声大噪。

经过几千年累积的知识是浩瀚无垠的，我们所学到的只不过是沧海一粟罢了。同时，知识无时无刻不在以飞快的速度更新，我们能够掌握的知识实在是很少，若我们不能长期持之以恒地学习，很快就会感到知识匮乏。

有句老话说得好，叫做“活到老，学到老”。人的一生都应该不断学习新的知识，学习是一辈子的事，没有年龄阶段的限制。具备了这种孜孜不倦的学习精神，随着年龄的增长，对于世事才会有更高的领悟。

有时候，面对不断变化的世界，人们常常以为自己已经触到了事物的边界了，而事实上你只要轻抬贵足，跨上一步，就会发现自己离事物真正的边界还很远。

曾经有人对爱因斯坦说：“您可谓是物理学界空前绝后的人才了，为什么还要这样艰苦地学习呢？”爱因斯坦笑了笑没有说话，而是找来一支笔、一张纸，在纸上画上一个大圆和一个小圆，说：“在物理学这个领域里，我可能比你懂的多一点。好比说这个小圆就像是你，而我则是这个大圆。然而整个物理学识是无边无际的，小圆周长小，所以与未知领域的接触面小，他感受到的未知就少；而大圆与外界接触的周长大，所以更感到自己未知的东西更多，会更加努力去探索。”

学习是一种进取的精神。正是由于有了这种精神的存在，人生才有意义。过去的成绩仅仅代表过去，我们应当注重的是未来。人应当是在进步中体会着自己的人生价值，体会着人生的快乐。从求知中也获得自我的幸福和满足。由此可见，人的学习是一辈子的事情。人类社会越来越文明，作为个体的人，一生中需要学习的东西也就越多。

有人将人生比作是一辆列车，唯有不停的学习，才能使生命的车轮不停地前进，才能感觉到生命的动力，从而品尝到生命成长的喜悦。不学习的人生，就像是列车抛锚一样，停在原地不动，只会慢慢生锈而已。

2.做人要从读书开始

志不强者智不达。

——《墨子·修身》

有些人读书没有具体目的，也没有具体要求，他们东翻翻西翻翻，一点没有紧迫感，没有压力，收获自然就很小。有了明确的目的，我们读书才会有紧迫感，才能做到思想集中、思维积极，收获也就很大。

香港科技大学教授丁学良曾撰文《读书的六种目的取向》，其中写道：第一种，为寻求知识而读书；第二种，为寻求技能而读书；第三种，为满足好奇心而读书；第四种，是出于情感的需要、情感的驱使而去读书；第五种，为了寻求一种生命的意义，人生的意义，最高的、终极意义上的价值目标而去读书；第六种，是关于人该怎么样奋斗，该怎么样向上而读书。

有目标才有动力，我们中国几千年来中国的知识分子就把“修身齐家治国平天下”作为治学的最高理想。所以才会有“悬梁刺股”这样刻苦读书的故事。

战国时的苏秦出身农民，少有大志，曾随鬼谷子学习游说术多年。后辞别老师，下山求取功名。他先回到洛阳家中，变卖家产，然后周游列国，向各国国君阐述自己的政治主张，希望能施展自己的政治抱负。但没有一个国君欣赏他，苏秦只好垂头丧气，穿着旧衣破鞋回到洛阳。

洛阳的家人见他此般落魄，都不给他好脸色，连苏秦央求嫂子做顿饭，嫂子都不给做，还狠狠训斥了他一顿。苏秦从此振作精神，苦心攻读。把头

发束起吊在房梁上，用锥子刺自己的腿，“头悬梁，锥刺骨”便由此而来。

苦读一年后，苏秦掌握了当时的政治形势，开始二次周游列国。这回终于说服了当时的齐、楚、燕、韩、赵、魏六国“合纵抗秦，并被拜为六国的丞相。

读书有了目的才会有动力，读书的目的越明确，则效率越高。

然而，由于读书的动机有差异，中国历代不乏“读书入学莫徘徊，可以升官又发财”的书生。很多人抱着“学而优则仕”的观念，读书是为了跳龙门，冲着“书中自有黄金屋，书中自有颜如玉”去的，很多读书人期望的是“十年寒窗无人晓，一举成名天下知”。正是这样的目的，让范进执著于数十年读书科考，最后喜极而疯。

当然，苦读也并不一定为了功名利禄，中国历史上有更多的志士仁人读书则是为了“风声、雨声、读书声，声声入耳；家事、国事、天下事，事事关心”！

近代中国在内忧外患之下，社会动荡不安，政治经济发展不平衡，国人为求进一步了解西方和世界，纷纷远涉重洋，在为寻找根本解决中国问题的奋斗历程中做出了重大贡献。

周恩来总理早在少年时代就胸怀“为中华之崛起而读书”的远大抱负。1917年，19岁的周恩来，为了寻求救国救民的真理，远涉重洋到海外留学。临行时赠给同学一首诗写道：“大江歌罢掉头东，邃富群科济世穷。面壁十年图破壁，难酬蹈海亦英雄。”表示他决心钻研社会科学，挽救国家的危亡，以古人那种“面壁十年”的刻苦精神，来改造当时的社会，即使壮志难酬，蹈海而死，也不愧为中华儿女，充分表现了他年青时代的远大抱负。

那个时代的学者也大都有这样的决心和历史使命感。我国“石油之父”李四光、数学大师苏步青、物理学家钱学森等，年轻时就为了谋求强国富民

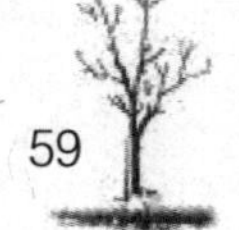

的道路到国外求学。学有所成后,他们想到的不是个人的荣华富贵、安逸享乐,而是“国家兴亡,匹夫有责”的神圣使命。他们放弃了国外优厚的待遇,毅然回到了当时灾难深重、贫穷落后的祖国,用他们的真才实学改变着我国落后的面貌,为国家的强盛建立了不可磨灭的功勋。

一个人如果有动机在背后激励着他,他就拥有了前进的动力。有了实现理想的动机,就需要我们付出不懈的努力。在这个过程中,要不断地用自己既定的目标激励自己,这样一来,我们就有了前进的动力。在动力的驱动下,我们就可以充满激情地向成功的目标迈进了。

徐宗文先生谈到读书的三重目的——为知,为己,为人。为知,就是为了积累知识,增长学问、见识和智慧。为己,就是古人所说的修身正己,培养自己的人格、道德和情操。为人,就是热爱生活、勤奋工作,运用书中所学造福社会。

所以说,充实而有意义的人生,应该伴随着读书而发展。诚然,读书的目的是拓宽人的视野,增长知识,锻炼才能,提高修养和欣赏水平,但更重要的是学会怎样做人和提高道德品质。

“做人要从读书开始”。书读得好,人才做得好;不读书,虽然会做人,但是不够完美。所谓“人不学不知义”,不读书就不能明白道理,不明白道理就不能做一个好人。社会要有秩序,公众相处要能和谐,人人应做书香人士,这个社会、这个国家必定有所为。

3.借别人智慧,提高自己

登高而招,臂非加长也,而见者远;顺风而呼,声非加疾也,而闻者彰。假舆马者,非利足也,而致千里;假舟楫者,非能水也,而绝江河。君子生非异也,善假于物也。

——《荀子·劝学篇》

登到高处招手,胳膊没有比原来加长,可是别人在远处也看见;顺着风呼叫,声音没有比原来加大,可是听的人听得很清楚。借助车马的人,并不是脚走得快,却可以行千里;借助舟船的人,并不是能游水,却可以横渡江河。君子的本性跟一般人没什么不同,只是君子善于借助外物罢了。

一个人为了能完成自己的事业用尽毕生的精力,这是难能可贵的。但是,一个人或一个团体,只靠自己本身的努力是不够的,特别是在当今社会科学技术高度发达的情况下,门类很多,社会分工精细,一个人或一个团体所掌握的科学技术知识是极有限的,在某些科学技术乃至具体工作环节上,哪怕是最杰出人物或团体,亦不可能独自完成,必须要借助别人的力量才能攻克。

更为值得注意的是,人的智慧的力量是无穷无尽的,尽人之力远不如尽人之智。

一条帆船在江水中悠哉游哉地顺流而下。岸上的一匹马看见了,长啸一声,傲慢地说:“伙计,你怎么总是慢吞吞的,得跑快一点儿啊!”船哗啦啦地劈开江水,不紧不慢地说:“朋友,你认为你跑的很快吗?咱俩比试比试怎么样?”“哈哈,你想跟我比?好,现在就开始吧!”说罢,马撒开四蹄就跑。

马跑啊跑啊,跑了个把钟头,当它确信自己已远远地把船抛在了后面时,就在一片草地上休息。可是它的喘息还没有完全平定,船就赶上来,马

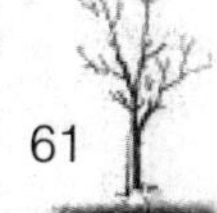

见船逼近了，撒腿就跑，看看又把船抛在了后面，便再次停下来吃草。马正吃得津津有味，船又悠哉游哉地驶来，马慌忙撒开四蹄便跑。

就这样，马想摆脱船的追赶，而船就像影子一样，怎么甩也甩不掉。马终于累倒在地上，眼睁睁看着船从自己的面前超了过去。马有点不明白，高喊：“伙计，你说实话，咱俩谁跑得快？”

船老老实实地说：“在一定的时间里，你比我跑得快。”

“可是，为什么最后我却输给了你呢？”

“很简单。”船仍是那么慢悠悠地说：“慢船累倒马——你依靠的是自己的力量，而我，却借助了风和水的力量。”

借助外力的现象在我们的生活中已无处不在。每个人的成长过程也要借助外力，善于借助外力，才能越行越远。

成就事业的人，他们最聪明、最智慧的表现，在于能够集中别人的智慧为我所用，将别人的智慧变成自己的能力。三国时实力最差的刘备，利用了诸葛亮等人的智慧和关、张等人的勇猛，与魏、吴三分天下。刘邦用了张良、萧何、韩信等人，成了“楚汉战争”的胜利者，建立了大汉王朝。李世民招贤纳谏，造就了“贞观盛世”。无数事实证明，古今中外成就大业者，无不是招贤纳士、借助外力的高手。

如上所说，利用智囊，这是直接使用别人智慧的方法，效果直截了当。智囊，不是蝇营狗苟的“小圈子”，而是方方面面的专门人才组成的团队。

当然，“外力”并不是仅仅指现实中的人。前人的实践经验、经典论断，都是间接的外力。领导干部在做思想工作过程中，若恰到好处地引用一些古今中外圣贤的事例，或者名言警句，马上就会产生一种智慧的吸引力，让人们带着钦佩学习，在学习中实现思想统一。

“守什么人学什么人”，如果与一群高素质的人交朋友，耳濡目染，就会在潜移默化中增长了才干。你周围的人若都是很大气，想问题做事情都气度非凡的话，你会有意无意形成或接近这种风格。

借别人智慧，提高自己，成功自己，才能算得上大智慧。

4.多倾听别人的意见

兼听则明,偏听则暗。

——《资治通鉴》

一个人的智慧是有限的,一个人对事物的认识也会受到局限性的影响,古人云:"智者千虑,必有一失","当局者迷,旁观者清"。一个人再深思熟虑,也难免有疏漏和不周到之处。我们对发生在自己身上的事情并不一定很清楚,但旁边的人却看得很明白。

然而有些人总是盲目自信,一听到反对意见,轻则脸红脖子粗,怒目相向,重则拍案而起,反唇相讥,甚至拳脚相加。人最容易犯的错误,就是过于相信自我,听不进别人的意见。

刚愎自用、妄自尊大、听不进别人意见的人,会阻碍自己进一步发展。只有不断地从他人的见解中吸取合理的有益的成分,来弥补自己的不足,才能减少失误,取得好成绩。所以,善于倾听别人的意见,是每一个有志成功的人必须具备的品格。

鹰王和鹰后发现了一片茂密的森林,他们非常高兴,打算在这里定居下来。他们挑选了一棵枝繁叶茂的枫树,在最上面的一根树枝上开始筑巢,准备夏天在这儿孵养后代。

附近的一只鼹鼠听到这个消息后,大着胆子向鹰王提出警告:"这棵枫树一点都不安全,你瞧!它的根几乎全腐烂了,随时都有倒掉的危险,你们最好不要在这儿安家。"

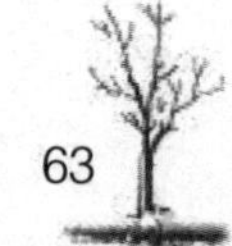

鹰王根本听不进鼹鼠的劝告，冲着它大喊："哈哈，真是怪事！你是什么东西，竟然胆敢来干涉鹰王的事情？我们老鹰难道还需要你小小的鼹鼠提醒吗？你们整天躲在洞里，怎么能有我们老鹰这样锐利的眼睛呢？"

鹰王和鹰后马上就开始忙活起来，当天就把家搬了进去。过了不久，窝里就多出了几只可爱的小家伙。

一天早晨，一阵大风吹来，那棵枫树摇晃了几下，轰然倒掉了。外出打猎的鹰王和鹰后带着丰盛的早餐飞回家来，发现它的儿女们都已经摔死了。

鹰王悲痛不已，它放声大哭道："我多么愚蠢啊！我把最好的忠告当成了耳边风，所以命运就对我给予这样严厉的惩罚，我从来没有想到，一只鼹鼠的警告竟会是这样准确，真是怪事！"

谦恭的鼹鼠答说："轻视别人的忠告是不明智的，你如果能仔细想一想，我本来就在地底下打洞，和树根十分接近，树根是好是坏，有谁比我知道得更清楚呢？"

不要总认为自己高高在上，无所不能，更不能目空一切，听不进去别人的忠告，即使你有纵览全局的雄才大略，相对来说别人只能做一些微不足道的小事。但"尺有所短，寸有所长"，一个人再有能力，也有失策的时候，虚心听取别人的意见，永远不会错。

勇于承认错误，主动接受批评；不断追求进步；多听取他人的意见和建议，接受"良师"的指点；事后认真反省，努力改变自己，才能培养自省的态度和勇气，才能在不断的反思中重新认识自己，寻求进步和奋发向上的动力。

美国前总统罗斯福是一个非常有智慧的人，当他去打猎的时候，他会请教一位猎人，而不是去请教身边的政治家。当然，当他讨论政治问题的时

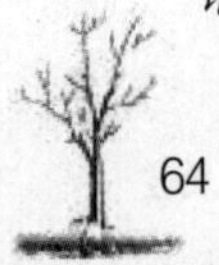

候，他也绝不会去和猎人商议。

有一次他外出打猎，和他一起的是一个牧场工头。他看见前面来了一群野鸭，便追过去，举起枪来准备射击。但这时那个工头早已看见不远的地方还躲着一头狮子，忙举手示意罗斯福不要动。罗斯福眼看野鸭快要到手，于是对他的示意没有理睬。结果，狮子听到枪声后跳了出来，窜到别处去了。等到罗斯福瞧见，赶紧再把他的枪口移向狮子时，已经来不及开枪，只好眼睁睁地看着它逃跑了。牧场工头瞪着眼睛，向他大发脾气，骂他是个傻瓜、冒失鬼，最后还说：“当我举手示意的时候，就是叫你不要动，你连这点规矩也不懂吗？”

面对牧场工头的责骂，罗斯福竟然“逆来顺受”，并且以后打猎也毫不怀疑地处处对他服从，好像小学生对待老师一般。他深知，在打猎问题上，对方确实高他一筹，因此，对方的指教于他确是有益处的。

古语说得好：兼听则明，偏听则暗。听取别人意见，请教别人，不能在乎对方的身份地位，要对事不对人，只要是好的意见，我们都要虚心接受。如果唐太宗没有听取魏征的谏言，对自己进行批评，怎么可能出现“贞观之治”的繁盛景象；如果达·芬奇没有听取老师的批评和建议，怎么可能成为世界著名画家……

当然，听取别人的意见并不代表不相信自己。相信自己是成功的前提，听取别人的意见也是走向成功必不可少的条件。一个人如果能经常听取别人的意见，会使自己增长很多的见识，让自己少走很多的弯路。

“三个臭皮匠，凑成一个诸葛亮”。我们遇事要多与他人商量，要善于听取他人的意见，既不能一味地盲从，不加选择地听取别人的意见。不是人云亦云，而是择其善者而从之。

5.读书需要有质疑精神

“尽信书，则不如无书。

——《孟子》

读书需要有质疑精神，就如孟子所说的：“尽信书，则不如无书。”孟子的话，就是告诫我们不要迷信书本。对于书中所言，不仅不要轻信，还要多问几个为什么，进行一番仔细的甄别和思考。

读书做学问，怕的不是有疑难，而是终日读书没有疑问，书上说什么就信什么，是不会有进步的；书上说什么，不懂装懂，是无法提高自己的。知识并不等同于智慧，要真正使自己成为有智慧的人，必须学会思考。现实中的“书呆子”只因书读多了，思维能力渐渐丧失，结果只知照搬书本办事，自然就成了“书呆子”。

所以，书读得太多，如果不用思维消化，的确不是一件好事。如果思维退化，非但不能使我们聪明，而且还会让我们变得更加愚蠢。所以，在开卷而读后，要掩卷而思。

清代戴震指出：“学者当不以人蔽己，不以己自蔽。”意思是说，读书人头脑要清醒，不要让别人的观点蒙蔽住自己的思想，当然也别自己蒙自己。戴震后来能成为一代宗师，皆因他在童年时期就表现出这样一种本能。

据说他10岁时，老师教他读《大学章句》。读到一个地方，他问老师，怎么知道这是孔子所说而曾子转述的？又怎么知道这是曾子的意思而被其门人记录下来的呢？老师说，前辈大师朱熹在注释中就是这样讲的。戴震就说，朱熹是南宋时的人，而孔子、曾子是东周时的人，中间相隔约两千年，那么朱熹是如何知道这些细节的呢？老师无言以对。

恰如梁启超在《清代学术概论》中所言：“盖无论何人之言，决不肯漫然置信，必求其所以然之故。”古人曾这样总结：“读书贵能疑，疑乃可以启信。读书在有渐，渐乃克底有成。”

没有怀疑就没有超越，没有怀疑就没有创造。怀疑是一种基本的读书态度，也是一种勇敢的读书精神。读书时，要对书中的知识敢于怀疑，认真分析，这样才既能进入书中，又能跳出书外；既不盲目信古，也不轻信新学说。尤其是不能人云亦云，而要勇于批判扬弃。

数学家华罗庚在休息之余爱读唐诗。他不光是读，还常提出疑问。唐朝诗人卢纶有一首《塞下曲》：“月黑雁飞高，单于夜遁逃。欲将轻骑逐，大雪满弓刀。”他读这首诗时，心中觉得纳闷：群雁在北方下大雪时早已南归了，即使偶有飞雁，月黑又如何看得清呢？于是就做五言诗质疑：“北方大雪时，雁群早南归。月黑天高处，怎得见雁飞！”此诗一发表，立刻被许多报刊转载。

过了不久，又有一些人提出反质疑。他们认为卢纶的诗是对的，而华罗庚的质疑是错的。理由是，唐朝时，许多边塞诗人都写过大雪天有飞雁的诗句。如高适写的“千里黄云白日曛，北风吹雁雪纷纷。”这样的反质疑有根有据，也颇能使人信服。

古往今来，有人埋头死读书，熬白了头发，却毫无建树。但也有人读书有疑甚至主动质疑，深入研究，从而获得成功。宋代著名学者陆九渊曾说：“为学患无疑，疑则进。”读书既要有大胆怀疑的精神，又要有寻根究底的勇气和意志，更要有科学认真、严谨踏实的态度，才能真正有收获。那种食古不化，只读书不求甚解的做法，潇洒是潇洒，只怕未必能于学问有所长进。

清代著名戏曲理论家李渔，儿时读《孟子》中的一句“自反而不缩，虽褐宽博，吾不惴焉”，再看朱熹的注释：“褐，贱者之服，宽博，宽大之衣。”

李渔十分纳闷，因为他自小生长在南方，所见的“衣褐者”多是富贵之人。于是，他向老师质疑：“褐是贵人所穿，为何说是穷人的衣服呢？既然是穷人的衣服，那就当处处节约布料及人力，却为何不裁成窄小的反而却如此宽大呢？”老师默然不答。李渔一再追问，老师只是顾左右而言他。

李渔颇感失望，疑问数十年未解。直到远游塞外，才终于揭开谜底：原来塞外天寒地冻，牧民自织牛羊毛为衣，皆粗而不密，其形似毯，所以“人人皆褐”。可是牧民为什么不知节约物力人力，一律穿那“宽则倍身，长复扫地”的“毯”式服呢？原来这种服装是“日当蓝衫夜当被”的，“日则披之服，是夜用以为衾，非宽不能周其身，非衣不能尽覆其足。”

明朝人陈献章说：前辈谓学者有疑，小疑则小进。疑者，觉悟之机也。叶圣陶先生也说过：教任何功课，最终的目的都在于达到不需要教，自能读书，不待老师讲。

疑能增进兴趣。读书如能以疑见读，其味无穷。大科学家爱因斯坦一生对读书始终兴趣十足，其中重要的原因就是他总是带着疑问读书。疑，常常是获得真知的先导，是打开知识宝库的钥匙。著名科学家李四光有句名言：不怀疑不能见真理。一般来说，大胆见疑与科学释疑往往是连在一起的，问题是在怀疑中提出的，又必然会在深入研究中解决，而问题的解决，便是获得真知灼见的开始。

读书贵有疑，可贵之处，就是解放思想，独立思考，敢于大胆地探索和追求。但是，提倡读书有疑，并非是不从客观实际出发，违背科学原理的胡猜乱疑。要疑的正确，疑的有长进，还要善于疑。否则，当疑时不疑，不当疑时又乱疑，那非但得不到任何知识和长进，还会把思想引上歪路，这不是我们应取的学习态度。

6.任何才能都需要后天的坚持和学习

锲而舍之,朽木不折;锲而不舍,金石可镂。

——《荀子·劝学》

没有人能只依靠天分成功。先天给予了天分,勤奋将天分变为天才。没有任何才能不需要学习、不需要后天的坚持和奋斗。

中国近代史上的风云人物曾国藩建立了自己的不朽功业,但他的天赋却不高。在取得功名之前,有一天曾国藩在家读书,一篇文章不知道重复多少遍了,还是背不下来。这时候他家来了一个小偷,潜伏在他家的屋檐下,希望等曾国藩睡着之后再行动。可是等啊等,就是不见他睡觉,还是翻来覆去地读那篇文章。小偷大怒,跳下梁来说:“这种水平还读什么书?”随后将那文章背诵一遍,扬长而去!

小偷是很聪明,至少比曾先生要聪明,但是他只能成为小偷,而曾国藩经过自己的勤奋苦读,成就了自己在中国历史上的丰功伟业。大多数情况下成功和辛勤的劳动是成正比的,有一分劳动就有一分收获,日积月累,积少成多,奇迹就可以创造出来。

对一个人来说,才能的养成需要后天的勤奋学习。对一个企业来说,它的竞争力和优势同样在于不断地学习。

通用电气公司(GE)能成长为一家世界顶级的企业,靠的就是不断地学习,不断地以全球公司为师。

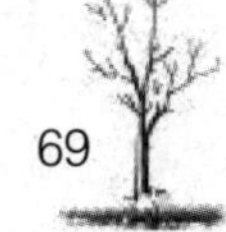

在韦尔奇执掌GE的20年里,GE的发展达到了很高的高度,但韦尔奇却一直强调GE是一个无边界的学习型组织,一直以全球的公司为师。他经常强调说:“很多年前,丰田公司教我们学会了资产管理;摩托罗拉推动了我们学会了西格玛管理;思科帮助我们学会了数字化。这样,世界上商业精华和管理才智就都在我们手中。而且,面对未来,我们也要这样不断追寻世界上最新最好的东西,为我所用。”

GE之所以能成为赫赫有名的“经理人摇篮”、“商界的西点军校”,全球有超过三分之一的CEO都是从这家公司中走出,除了严格的人才淘汰体制,最重要的就是这种无边界的学习型组织的存在。在这样的组织下,每一个经理人无时无刻不在自觉地精心雕刻自己,从专业知识到职业技能,从管理手段到说话方式,从画好一张表格到接好一个电话、写好一个电子邮件,到日常生活的一点一滴,目的是随时能够接受更高的挑战。正是因为坚持不断地学习,才使GE能以最好的姿态和实力去迎接市场的挑战,从而创下了连续20年赢利的辉煌。韦尔奇的这些管理原则,不但使GE成为强大而备受尊敬的公司,也为管理界留下很好的典范。

在竞争越来越激烈的市场环境下,一个企业只有不断地接收新的资讯、技术和管理理念与方法,才能保证取得竞争的胜利。而要做到这一点,不断地学习是最重要和最佳的途径。

据权威机构统计,目前美国排名前25位的企业中,有80%按照“学习型组织”的模式在改造自己;世界排名前100位的企业中,有40%按“学习型组织”的模式在进行彻底的改造。

根据有关机构的统计研究,大型企业的平均寿命不及40年。总结正反两方面的经验,人们发现,大部分企业失败的原因在于组织学习的障碍,这严重妨碍了组织的成长。对一个企业来说,在竞争激烈的市场中,拥有比竞争对手学得更快的能力,是唯一持久的竞争优势。只有在学习中,才能全面提升竞争力,建立市场优势,才能立于不败之地。

7.聪明人要每天检查反省自己

君子博学而日参省乎己,则知明而行无过矣。

——《荀子·劝学》

意思是说君子广泛地学习,而且每天检查反省自己,那么他就会聪明机智,而行为就不会有过错了。

现代人多了一份自信心,却少了一种“自省”的精神。他们喜欢得到他人的称赞夸奖,很少反省自己了。在我们上学之时,老师可能经常教诲:“每天反省自己。”这确实是一句颇有价值之言,你如果能好好照着去做,一定收益匪浅。

所谓“反省”,就是反过身来省察自己,检讨自己的言行,看自己犯了哪些错误,看有没有需要改进的地方。

人为什么要自省?这里有两个方面的原因。一个是主观原因,人都不可能十全十美,总有个性上的缺陷、智慧上的不足,而年轻人更缺乏社会历练,因此这就更需要你自己通过反省来了解自己的所作所为。

世界著名的潜能开发专家安东尼·罗宾说过:“假如你每月给自己一次检讨的机会,你一年就有12次修正错误的机会;假如你每天检讨一次的话,你一年就有365次检讨的机会;假如你每天早晚各检讨一次,你一年就有700多次修正的机会。那么你的成功几率多了700%以上。”人生最大的敌人是自己,只有时时检讨自己,弥补缺点、纠正过错,才能了解何事可为、何事不可为,才能在这其中找到生活的真谛。

发明电灯的爱迪生,失败了一千多次,最后获得成功。记者问爱迪生,你都失败了一千多次,怎么还在努力?他说:“我不是失败了一千多次,而是成功了一千多次。每一次你们认为是失败,我认为是成功。”

爱迪生正是把每一次失败都记在了事业之路上，一次一次逐渐增大了成功的概率,才最终赢得了成功。俗话说,成绩不讲跑不了,问题不讲不得了。在工作生活中,每一次总结回顾,没有什么比查找不足和问题更重要了。

孔子曰:“吾日三省吾身。”如果你觉得一天三省没有时间,那么一天一次,二天一次也可以,反正要记得经常反省就行了。

那你每天应该反省些什么呢?是不是专门要弄得自己不高兴,跟自己过不去?

不!以下几个方面就值得你去自省:

1.人际关系。

你今天有没有做过什么对自己人际关系不利的事?你今天与人争论,是否也有自己不对的地方?你是否说过不得体的话?某人对你不友善是否还有别的原因?

2.做事的方法。

反省今天所做的事情,处事是否得当,怎样做才会更好?

3.生命的进程。

反省自己至今做了些什么事,有无进步?是否在浪费时间?目标完成了多少?

如果你坚持从这三个方面反省自己，那一定可以纠正自己的行为,把握好行动的方向,并保证自己不断进步。

当然,不反省的人也不一定会失败,因为一个人的成败和个人先天条件、后天训练以及时运有关系,天下也有从不反省自己,却飞黄腾达之人。

但话说回来,你怎么知道他人从不反省自己?看看那些“伟人”级的政治家、军事家,他们都有反省的习惯,因为只有反省才不会更多地迷失方向,才不会做错事!咱们都是“凡夫俗子”,智慧本不如“伟人”,因此反省就格外重要了。如果可能的话,更应把“反省”当成每日的功课。

那么一个人应该怎样反省呢?事实上,反省无时无地不可为之,也不必拘泥于任何形式,不过,人在事务繁杂的时候很难反省,因为情绪会影响反省的效果。你可在深夜独处的时候反省,也就是在心境平和的时候反省——湖面平静才能映现你的倒影,心境平静才能映现你今天所做的一切!

至于反省的方法,则因人而异。有人写日记,有人则静坐冥想,只在脑海里把过去的事放映出来检视一遍。不管你采用什么样的方式,只要真正有效就行。自省也不能流于形式,每日看似反省,但找不出自己的问题,甚至对错不分,那就很值得注意。

你有反省的习惯吗?趁早培养吧,它能修正你做人做事的方法,给你指引正确的方向。

8.相信“人定胜天”，没有什么不可能

制天命而用之。

——荀子

在荀子看来，与其迷信天的权威，去思慕它、歌颂它，等待“天”的恩赐，不如利用自然规律为人服务。荀子明确宣称，认识天道就是为了能够支配天道而宰制自然世界，即所谓“人定胜天”。

这个命题也可以从另一个角度来说，就是相信“没有什么不可能”。

在美国，有一位年轻富有、健康幸福、事业成功的人，他的足迹遍及世界各地，接触的对象有总统，也有病患者，涵盖社会各个阶层。他的脸上总是洋溢着笑容，与他的爱妻如胶似漆。繁忙的工作结束后，夫妇俩就飞回加州圣地亚哥的家——一座可以俯瞰太平洋的别墅，盘桓数日，与家人共享天伦之乐。

这位年轻人当时才25岁，只有高中学历，他是怎么能够在这等年纪就有如此的成就？何况，就在三年前他还一贫如洗，住在一间只有10平方米大的单身公寓里。那时的他意志消沉、身材痴肥、穷困潦倒，可说是前途暗淡；如今广受瞩目、身体健壮、交游广阔、前途璀灿。他怎么会有如此悬殊的转变？

这一切不是天方夜谭，这个年轻人就是世界闻名的潜能激发大师安东尼·罗宾。

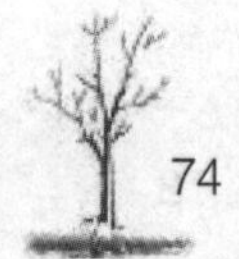

安东尼·罗宾之所以如此迅速地美梦成真，并不是他运气奇佳。

事实上，在今天这个时代，人人都有可能一鸣惊人，做出以往未曾想到的成就。譬如苹果公司创始人史蒂夫·乔布斯，在他还是个穿着牛仔裤，一文不名的孩子时，就抱着对电脑的强烈信念，终于创立了一家排名《财富》杂志500强之一的企业，其成长之速，无人可及。再如特德·特纳，他把毫不起眼的媒体——有线电视——发展成一个庞大的帝国。他们除了脍炙人口的成就以外，还有什么相同的特质呢？只有一个答案，那就是相信自己能行。也就是说，相信命运就掌握在自己的手中，相信一旦内心力量被唤醒、被激发，自己就能活得更好。

失败者往往都是那些受困于自身心理高度的人。他们总是认为自己不配拥有世界上最优秀的东西，各种优秀与美好的事物都不是为自己而设计。这些人之所以做着卑微的工作，过着平庸的生活，都是因为他们对自己的要求与期望值不够高。他们不明白，自己完全可以掌控自己的命运，可以实现任何可能的目标！做自己想做的人，任何一位身穿牛仔裤的孩子都有可能创立一家影响世界的大公司。

许多人举步不前，唯一的原因也许就是他们低估了自己。他们思想的局限性、认为自己无用和愚蠢的信念，几乎可以说是他们最大的障碍。在宇宙当中，如果一个人自认为无能，那就没有任何力量可以帮助他实现成功。

9.选择好环境就成功了一半

蓬生麻中，不扶而直；白沙在涅，与之俱黑。

——《荀子·劝学》

蓬草长在麻地里，不用扶持也能挺立住；白沙混进了黑土里，就再不能变白了。兰槐的根叫香艾，一但浸入臭水里，君子和下人都会避之不及，不是香艾本身不香，而是被浸泡臭了。

所以君子居住要选择好的环境，交友要选择有道德的人，才能够防微杜渐保其人品正直。

孟子小时候，失去了父亲，母亲没有改嫁，一直照料他。最初，他们家住在墓地的旁边，孟子常常和邻居家的孩子玩跪拜、哭嚎，他们模仿大人的样子，玩办丧事的游戏。孟子的母亲看在眼里，不由地皱起了眉头，她想：“这样可不行，孩子玩这样的游戏，有百害而无一益呀。”

于是，孟子的母亲搬家了，把家搬到了集市旁边，邻居们都是杀猪宰羊的，热闹非凡。

没想到的是，孟子和邻居的孩子们玩起了做生意的游戏，他们也玩杀猪宰羊的游戏。看着孩子们兴高采烈的样子，孟子的母亲深深地叹了一口气。

她想：“这样很不好，孩子会不求上进的。看来，这个地方也不适合居住。”

那个时候，人们非常崇尚读书和做学问，“万般皆下品，唯有读书高”，

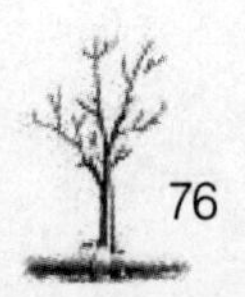

就是那个时候的流行语。

于是,孟母又开始搬家了,她把家搬到了学校的附近。

每年夏历初一的时候,达官贵人都要来到文庙,相互彬彬有礼地打招呼,然后虔诚地跪拜行礼。

孟子的母亲高兴地说:“这才是我儿子应该住的地方呀。”

孟子的母亲为了自己的孩子有一个好的学习环境，竟然搬了三次家。它强调了环境的重要性。其实,一个人改变环境很困难的,但我们可以选择适合自己成长的环境,一个能够唤起理想的环境与成功有很大的关系。

1856年,年轻的菲尔德来到芝加哥,这座不可思议的城市刚刚开始迈开它空前的发展步伐。当时的城市居民大约只有85000人,数年以前它不过就是印第安人的一个贸易村。但是这座城市的发展却突飞猛进,其速度之快就连最为乐观的居民也始料未及。空气中到处都弥漫着成功的气息,许多贫困孩子在这里取得了巨大成功。这唤起了菲尔德的理想和抱负,点燃了他想要成为一名伟大商人的心。

“如果别人能完成这些精彩的事情,”他自问道,“我为什么不能？”

纽约儿童法院的主任观护人在1905年的一次报告中说:“让孩子离开不合适的环境是改造他们的第一步。”纽约防止虐待儿童协会在对50多万儿童进行调查之后得出结论:环境的力量比遗传还强大。

即使是最强大的人也无法超越环境的影响。无论我们的本性多么独立,意志多么坚强,我们还是不断地被身边的环境所感染。就拿出身最好的孩子打比方,即使他拥有最优秀的遗传基因,如果由野人来抚养他,会有多少遗传基因被保留了下来?如果他从婴儿时期就在野蛮的氛围中生活,长大后自然就会变得野蛮。

有一个出身名门的孩子，在婴儿时期被父母丢弃，被一只狼叼走，并将他与其他狼崽子一起喂养长大，这个孩子后来真的就体现出狼的所有特征——四肢着地行走，像狼一样嚎叫，像狼一样吃东西。

通常来说，我们会跟随生活当中相对比较强大的趋势起起落落。所有的一切——听到的每一次讲座或谈话，每一个感动你生命的人——都会对你的性格造成影响，在这些交往或体验之后，你已经不再是原先的那个自己了。

多年以前，一群俄罗斯工人被俄罗斯一家造船公司送到美国学习美国造船技术以及美国精神。六个月之后，这群俄罗斯人几乎与共事的美国技工相差无几。他们的野心、个性、工作主动性以及工作中的优异表现都得到了开发甚至进一步的提升。一年之后，他们回到了自己的国家，他们周围死气沉沉的环境开始对他们产生影响。这些工人开始逐渐丧失对工作的激情和追求精益求精的愿望，变成只是按部就班的工人，他们除了日常工作之外，没有任何新的目标，他们被兴奋环境激发出来的理想和抱负再次陷入沉睡状态。

如果你采访大多数的失败者，你会发现许多人的失败原因在于他们从未接触过令人振奋的环境，因为他们的野心从未被唤起过，或者因为他们意志不够坚强，不能在令人沮丧的不利环境下振作精神。我们在监狱与贫民院发现的大多数人都是受环境影响的典型范例，这些环境将他们体内最邪恶的部分激发出来，而不是最优秀的部分。

无论你在生活中做什么，一定要不畏任何困难，尽量待在一个能够唤起你内在潜能的环境里，一个能够激励你自我发展的环境里。你要同理解你的人、相信你的人、帮助你发现自我以及鼓励你充分展示自我的人保持紧密的联系，这将对你的生活起到决定性的作用。

10.成功源于积累

故不积跬步，无以至千里；不积小流，无以成江海。

——荀子《劝学》

荀子的《劝学》里有这么一句话：故不积跬步，无以至千里；不积小流，无以成江海。意思是说不积累一步半步，就没有办法达到千里之远；不积累潺潺细流，就没有办法汇成江河大海。

这里，就向我们强调了积累的过程，水滴久了石头都会穿透；愚公因为坚持不懈，横亘在他家门口的两座山都被移开了；李白告诉了我们“只要功夫深，铁杵磨成针”。积累是一种毅力，是由卑微到伟大的必经之路，是成功的前提，是由量变到质变的过程。

晋代大书法家王羲之，二十年临池写字，因洗笔把池水都染成了黑色。王羲之不是一夜成名的，他之所以能成为著名的书法家，靠的就是长期的积累。积累一分学问，就是充实一分生命。

每个人都有梦想，都渴望成功，然而，智大才疏往往是阻碍我们成功的最大障碍，好多人只是看到成功人士功成名就时的辉煌，而往往忽略了他们在此之前进行的艰苦卓绝的努力。人世间没有一蹴而就的成功，任何人都只有通过不断的努力才能凝聚起改变自身命运的爆发力。

美国哈佛大学校训中，有这么一条：“读书求知是积累优势走向成功的第一步”。当代美国顶尖的导弹专家亨利·布莱顿说过：“地球一直在转，时代不断进步，若想跟上时代，就应不断地读书、求知。”

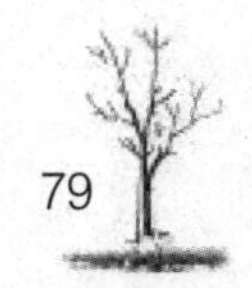

相信这个世界上没有多少人比布莱顿更忙碌,他是美国Servo公司的总经理,还是当今美国少数导弹专家之一。他在一天辛勤工作之后,晚上还上夜校继续进修,他选择的科目是素描。别人问他为什么要去学素描,他的回答使人非常感动:“因为素描可以有效地将我的创意传递给我的下属及技术人员。”

功成名就的他,并没有把成就当成人生努力的终点,而是不断地把它刷新为起点。社会一直在发展,时代不断在进步,就应该不断努力学习。因此,在晚上的空闲时间,他学习雷达技术、西班牙语、管理学、演讲学等。凡是对他业务有帮助的他都学。他学以致用,并且收到了很好的效果。

现实生活中,一些人心浮气躁,平时不努力,小事不愿做,只想坐等机会到来,一举成功,结果常常是“事大了不知如何下手,肉大了不知如何下口”,最终一事无成。要知道,无论大成功,还是小成绩,都需要努力才能实现,需要积累才能得到。无论是做事还是做人,不能急于求成,不要眼高手低,光想做大事,不屑于那些小努力、小成绩。只要从大处着眼,小处着手,不断积累一点一滴的成绩,积累到一定程度,突破临界点后,发生质变,突破现状,脱颖而出,达到新的境界,那将是更大的成功。

成功源于积累,这是一个最简单的真理。我们不要轻视每天读一页书、写一页笔记,积累有时看似无用,到用时却是珍宝,将令你受用一生。

第四课 跟庄子学国学中的养心之道

人物简介：

生死。这个命题的提出者，就是道家哲学的著名代表人物——庄子。

庄子（约公元前369—前286年），名周，字子休，战国时宋国蒙城（今河南商丘，一说今山东曹州）人，是一位以逍遥出世著名的思想家。庄子学说继承并发展了老子“道”的思想，提倡“天地与我并生，万物与我为一”的清高境界。后人将他与老子并称为“老庄”，并在很多场合将其视为道教哲学的代名词。

庄子生活在一个动乱的年代。虽家境贫寒，但他对学习十分投入。少年时，庄子曾在蒙县的一位老先生办的私塾中学习。20多岁的时候，他开始四处远游，曾到过楚、魏、鲁、赵等地。庄子非常喜欢楚越之地，也在游历中完善了自己的认识。30多岁的时候，庄子在蒙邑出任漆园吏（一片漆园的管理者，不是官职）。可是没干几年他就不干了，回到蒙县，与战国时代其他思想家一样从事讲学与著书立说，为后世留下了丰富的思想遗产。

1.看淡生死,尊重生命

方生方死,方死方生;方可方不可,方不可方可;因是因非,因非因是。

——《庄子·齐物论》

这话的意思就是说,生死差别不是完全不可超越的,生就是死,死就是生;可以就是不可以,不可以就是不可以。如果我们从另外一个角度来考虑,这个命题的意义和价值就显现出来了:我们从一出生,就开始了走向死亡的路程。

很多人会觉得丧气:出生就奔死亡而去,那么生对于我们还有什么意义呢?

鲁迅先生在《野草》中曾经谈到自己的一个有趣的梦,梦见自己“正在小学校的讲堂上预备作文,向老师请教立论的方法”。随即引出老先生的一个故事:某户人家生了一个男孩,全家十分高兴。满月的时候,抱出来给客人看。一个客人说:“这孩子将来要发财的。”他于是得到主人一番感谢。而另一个客人说:“这孩子将来是要死的。”他于是得到一顿痛打。老先生最后说:“说要死的必然,说富贵的说谎。但说谎的得好报,说必然的遭打。你……”鲁迅于是不解地说:“我愿意既不说谎,也不遭打。那么,老师,我得怎么说呢?”老先生说:“那么,你得说:‘啊呀!这孩子呵!您瞧!多么……哈哈!”

为什么提到死的人被打?因为人们都是“乐言生、讳言死”的。没有人能

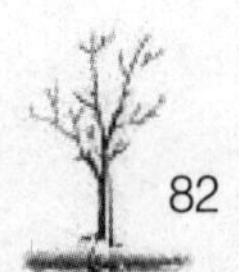

够长生不老,无论你身居何职、人品如何。有人不信,就绞尽脑汁地寻找“长生不老”的丹药、秘方,结果难免失望。就连千古一帝秦始皇也不例外。所以,不管我们是否愿意,总有一个终点在我们前头。

正因为人总是要死的,而且是不能复活的,生对于我们才显得更加宝贵、值得珍惜。我们是在走向死亡,但既然这个目的是不能改变的,我们为什么还要把走向目的的过程弄得那么灰暗呢?

所以,我们必须把握住我们正在体验和经历的一切,必须把握住我们生活中的每一个细节。这样,死亡就不再是不可预见的恐怖未来,而将成为我们生活的参照物了。

对于死亡,过度恐惧反而有损身体,明智的态度就是顺其自然,自由自在地生活。只有真正的修炼者,因为洞悉了永恒的真理与生命的真相,会逐步看淡生死,所以对死亡不会心存恐惧。

许多长寿名人,对死亡都有着大度的乐观心态。

著名佛学家赵朴初,对生死看得很透,在病床上还写下了这样的诗句:“生固欣然,死亦无憾。”字里行间充满着辩证唯物主义的生死观,展现了他纯情超然的心灵境界。

南京大学111岁的博士生导师郑集,他专门写有《生死辩》:“有生即有死,生死自然律。”这就是一个百岁老人对死亡的坦然。

著名作家孙犁晚年自作无题诗:“不自修饰不自哀,不信人间有蓬莱。冷暖阴晴随日过,此生只待化尘埃。”表现了他对死亡的超然大度。

有个成语叫“视死如归”,一个人如果能看淡生死,敢于视死如归,确实不是一件容易的事。历史上有两种人达到了这种境界,一种是在修行中历尽劫难沧桑,参透生死,对人生已经大彻大悟;另一种是胸怀高远大志,心有精神大义而能将置生死于度外。

孔子曾谓“杀身成仁”；孟子曰“舍生取义”；司马迁认为“人固有一死，或重于泰山，或轻于鸿毛”。惧怕死亡的人往往在生活中患得患失，忧虑重重；而不怕死亡的人才能乐观进取，力争在有限的生命中创造出无限的事业。

总之，有生必有死，死亡永远伴随着生，相依为命，寸步不离。人的生命同世间所有的生物一样，一旦死亡就不可能再次复生。如果因此而轻视或浪费生命，那也是不可原谅的错误。在死亡来临之前，我们还应当充实地过好每一天。

莎士比亚一段名言，足以令人回味：“懦夫在未死以前，就已经死过好多次；勇士一生只死一次。在我所听到过的一切怪事之中，人们的贪生怕死是一件最奇怪的事情，因为死本来是一个人免不了的结局，它要来的时候谁也不能叫它不来。”

2.逍遥是一种人生境界

北冥有鱼,其名为鲲。鲲之大,不知其几千里也;化而为鸟,其名为鹏。鹏之背,不知其几千里也;怒而飞,其翼若垂天之云。是鸟也,海运则将徙于南冥。

——庄子《逍遥游》

这是庄子在《逍遥游》中对自己的理想生活的描绘。在这篇传世名篇中,庄子描绘了一种神奇的动物:“北方的大海里有一条鱼,它的名字叫作鲲。鲲的体长,真不知道有几千里;变化成为鸟,它的名字就叫鹏。鹏的脊背,真不知道长达几千里;当它奋起而飞的时候,那展开的双翅就像天边的云。”

读庄子要从《逍遥游》开始,《逍遥游》是庄子思想的代表,也是他所追求的境界,最足以表现他的态度和风格。逍遥,不是任性,不是随意,是随顺事物自然的规律,凭借其势而自然运行。讲的是物适其性,没有谁更好、谁更差的区分,所以,大鹏的自然是逍遥,麻雀的自在也是逍遥,不是说大鹏鸟要比麻雀更能如何,只是在各自的环境下更舒适畅快的自然体验。

两千多年前的庄子做过一个奇怪的梦:他梦见自己变成一只漂亮的蝴蝶,四处飞舞,逍遥快活。但此时此际,蝴蝶压根儿忘掉自己原本是庄子,一阵风来,蝴蝶一惊,突然醒来,又变成一个忙忙碌碌的庄子。庄子莫名其妙,心想:究竟是庄子做梦变成蝴蝶了,还是蝴蝶做梦化为庄子了?这就是著名的庄周梦蝶。

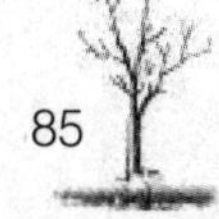

这个故事表明了庄子对人生的思考:第一方面,人跟万物是相通的,第二方面,万物跟我还是有区别的。这种看似荒诞的思考却从根本上阐述了他对无限精神自由的向往和追求,这也正是庄子思想的核心。

正是这种逍遥自由的生命智慧,成就了如此的庄子。逍遥是一种人生境界,然而境界也是有大小的,这是庄子的观点。

在纷繁复杂的社会生活中,有的人图的是钱,有的人看重的是权,在庄子看来这都不值得一顾,我们所追求的不只是名与利,关键在于我们能否"看见自己的心"。

美国西部的一个小乡村,一位家境清贫的少年在15岁那年,写下了他气势非凡的毕生愿望:"要到尼罗河、亚马孙河和刚果河探险;要登上珠穆朗玛峰、乞力马扎罗山和麦金利峰;驾驭大象、骆驼、鸵鸟和野马;探访马可波罗和亚历山大大帝走过的道路;主演一部《人猿泰山》那样的电影;驾驶飞行器起飞降落;读完莎士比亚、柏拉图和亚里士多德的著作;谱一部乐曲,写一本书;拥有一项发明专利;给非洲的孩子筹集100万美元捐款……"

他洋洋洒洒地一口气列举了127项人生的宏伟志愿。不要说实现它们,就是看一看,也足够让人望而生畏了。

少年的心却被他那庞大的毕生愿望鼓荡得风帆劲起,他的全部心思都已被那一生的愿望紧紧地牵引着,并让他从此开始了将梦想转为现实的漫漫征程,一路风霜雨雪,硬是把一个个近乎空想的夙愿,变成了活生生的现实,他也因此一次次地品味到了搏击与成功的喜悦。44年后,他终于实现了一生的愿望中的106个。他就是20世纪著名的探险家约翰·戈达德。

当有人惊讶地追问他是凭着怎样的力量,把那许多注定的"不可能"都踩在了脚下,他微笑着如此回答:"很简单,我只是让心灵先到达那个地方，随后，周身就有了一股神奇的力量，接下来，就只需沿着心灵的召唤前进了。”

当你转过黑暗的街角，感觉前路暗淡的时候，当你感觉世界上所有的门都在你面前关闭的时候，当你感觉所有的人都拿着指定的门票，唯有你独自在旁边等待的时候，当你怀疑自己隐约看到的希望和信任可能是幻影的时候，你不要着急，更无须灰心，你要做的，就是看清楚自己的内心，看清楚自己的优点和缺点。

3.别强求别人理解你

井蛙不可以语于海者，拘于虚也；夏虫不可以语于冰者，笃于时也。

——庄子

意思是说对于夏天的虫子，无论你怎样与它谈论冬天的冰雪，它也不会明白。“拘于虚”指的是人的认识受空间的局限，“笃于时”指的是受空间的限制。

孔子的一个学生与一个人发生了争执，争论的话题是一年有几个季节。孔子的学生说自然是四季，而对方非咬住说三季。并且说谁错了谁就给对方磕头。这个时候他们正好遇到了孔子，孔子说是三季。于是孔子的学生只好磕了三个头。回到家中学生依然不解，问孔子为何说三季？

孔子告诉他：是人都知道是四季，而他浑身绿色，其实是个蚱蜢。蚱蜢怎么会有冬季呢？它既是活不过冬季，自然只有三季。你又何必跟它计较呢？吃点亏又何妨？人生当中会遇到很多三季人，何必总是要争得面红耳赤？这其实是毫无意义的。

同理，当我们总是责怪别人无法理解自己的时候，请静下心来，各人有各人的思维限制。思维不同，见解很难一致，所以，我们都是彼此眼里的夏虫，又如何能争出个对错？

理解，固然是很美好的，谁不渴望理解呢？然而，事实上由于年龄、性格、职业、知识结构、品德修养、生活经历等等因素的影响，人和人之间有时是很难互相理解的。

脆弱的人把许多精力放在“求理解”上，到处自我表白，宣扬自己，把别人不理解自己视为最大的痛苦。

如果你过分希望得到理解，得到他人的赞许或默认，当你未能如愿以偿时便会十分沮丧。这正是自我挫败感产生之所在。同样，当寻求理解成为一种需要时，你就会产生惰性。这是将自我价值置于别人控制之下，由他人随意抬高或贬低，只有当他们决定对你道出一定的理解言辞时，你才会感到高兴。

一只老猫见到一只小猫在追逐自己的尾巴，便问：“你为什么要追自己的尾巴呢？”

小猫答：“我听说，对于一只猫来说，最为美好的便是幸福，而这个幸福就是我的尾巴。所以，我正追逐它，一旦我捉住了我的尾巴，便将得到幸福。”

老猫说：“我的孩子，我也曾考虑过宇宙间的各种问题，我也曾认为幸福就是我们的尾巴。但是，我现在已经发现，每当我追逐自己尾巴时，它总是一躲再躲；而着手做自己的事情时，它却总是形影不离地伴随着我。”

同样道理，如果你希望得到理解，最为有效的办法恰恰是不去渴望、不去追求，不要求每个人都理解你。只要你相信自己，并且以积极的自我形象为指南，你便可以得到许许多多的理解。

当然，一个人不可能事事都得到每个人的理解和赞许，但是，如果你认识到自己的价值，在得不到理解和赞许时便不会感到沮丧。你将把反对意见视为一种自然现实，因为生活在这个世界上的每一个人都对世事有自己的看法。

生活中我们很多时候犯的错误，往往来自只从自己的角度思考问题。

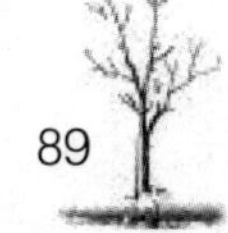

为了避免这样的错误，就得学会换位思考，并在此基础上调整行为的方式。换位思考就是完全转换到对方的角度思考，从而更理解人、宽容人，就是要求在观察处理问题，做思想工作的过程中，把自己摆放在对方的角度，对事物进行再认识、再把握，以便得到更准确的判断，说出的话也才能真正说到别人的心窝里。

有这样一个故事：一次，有些人要砸死一个行为不端的妇人。有人说："可以，可是你们每个人都要扪心自问，谁没有犯过错误，那他就可以动手！"那些人都自觉问心有愧，最后谁也没有砸她。

为何那些人在有人提出这个问题后变得不敢动手了呢？因为没有一个人有动手的资格——只要想到自己原来也有可能犯错，就能同情这位行为不端的妇人了。

即使是最没本事的人，在责备别人时往往也能够大发议论；即使是最聪明的人，在对待自己缺陷时也往往糊涂。我们只要经常用指责别人的态度来要求自己，用宽恕自己的心去对待别人，怎么可能不进步呢？

仔细想来，生活中诸多不快、诸多矛盾的引发，未必都有多么复杂、多么严重的理由，如果能够互相了解、互相理解，或许就根本不会产生矛盾。而换位思考就是达到互相理解的一种有效途径。

4.小事别太较真

大知闲闲，小知间间，大言炎炎，小言詹詹。

——庄子

有的人聪明在眼前，有的人聪明在长远，大智慧的人行为襟怀坦荡，小聪明的人往往鸡蛋里挑骨头。

《庄子》中对如何不与别人发生冲突也做过阐述。

有一次，一个人去拜访老子，到了家中看到凌乱不堪，心中感到很吃惊，于是大骂一通扬长而去。第二天又回来和老子道歉，老子淡然地说：你好像很在意，其实对我来讲，这是毫无意义的。如果昨天你说我是马的话我也会承认的，既然别人这么认为，一定有他的根据，如果我顶撞回去，他一定会骂得更厉害，这就是我从来不去反驳别人的缘故。

从这则故事中我们可以得到如下启示：生活中当双方发生矛盾冲突时，对于别人的批评，除了虚心接受之外，还要养成毫不在意的功夫。

做人固然不能玩世不恭，但也不能太较真、认死理。“水至清则无鱼，人至察则无徒”。太认真了，就会对什么也看不惯，连一个朋友也容不下，把自己同社会隔绝开来。镜子很平，但在高倍放大镜下，就成了凹凸不平的山峦，我们戴着显微镜、放大镜生活，连饭也不敢吃了。

有位年轻的律师，在纽约最高法院参加了一个重要案子的辩论。案子

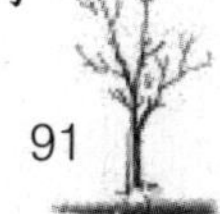

牵涉了一大笔钱和一个重要的法律问题。在辩论中,一位最高法院的法官对他说:“海事法追诉的期限是6年,对吗?”

这位律师蓦然停住,看了法官半天,然后直率地说:“法官先生,海事法没有追诉期限。”

“庭内顿时安静下来,”他后来讲述他当时的感受时说:“气温似乎一下子降到了冰点。我是对的,法官是错的。我也据实告诉了他,但那样就使他变得友善了吗?没有。我仍然相信法律站在我这一边。我知道我讲得比过去精彩,但我并没有尊重他的感情,用讨论的方式据理说明我的观点。而当众指出一位声望卓著、学识丰富的法官错了,从而引起了争端和误会。”

不逼别人认错,就会避免麻烦,就会避免所有争执,而且还可以令对方跟你一样宽容大度;并且,你友好的态度,还会使他坦白承认他也可能弄错。

因此,如果有人说了一句你认为错误的话——即使你知道是错的,但你一定要这么说:“噢,这样的!我倒有另一种想法。”“如果我弄错了,我很愿意被纠正过来。”“我也许不对!”等看上去“不较真”的句子。

人非圣贤,孰能无过?与人相处就要互相谅解,经常以“难得糊涂”自勉,求大同存小异,有肚量,能容人,你就会有许多朋友,且左右逢源,诸事遂愿;相反,“明察秋毫”,眼里揉不进半粒沙子,过分挑剔,什么鸡毛蒜皮的小事都要论个是非曲直,容不得别人,人家也会躲你远远的,最后你只能关起门来“称孤道寡”,成为众人避之唯恐不及的人。

5.人尽其材,物尽其用

人皆知有用之用,却不知无用之用也。

——庄子

庄子提倡“无用之用”。

庄子与弟子走到一座山脚下,见一株大树枝繁叶茂,耸立在溪旁,特别显眼。但见这树:其粗百尺,其高数千丈,直指云霄;其树冠宽如巨伞,能遮蔽十几亩地。庄子忍不住问伐木者:“请问师傅,如此好大木材,怎么一直无人砍伐?以至它长了几千年?”

伐木者似对此树不屑一顾,道:“这何足为奇?此树是一种不中用的木材。用来做舟船,则沉于水;用来做器具,则容易毁坏;用来做门窗,则脂液不干;用来做柱子,则易受虫蚀,此乃不成材之木。不材之木,无所可用,故能有如此之寿。”

听了此话,庄子对弟子说:“此树因不材而得以终其天年,岂不是无用之用?”弟子恍然大悟,点头不已。“人皆知有用之用,却不知无用之用也。”

这里还有一个故事:

惠子是庄子的好朋友,有一天去问庄子:“看魏王给了我一棵葫芦籽儿,我在家就种了这么一架葫芦,结果长出一个大葫芦来,有五担之大。这么大一个葫芦看起来很丰硕饱满,最后我就发愁了,因为它太大了什么用都没有。他说我把这大葫芦要是一劈两半,用它当瓢去盛水的话,这个葫芦皮太薄。所以叫做其坚不能自举。要是盛上水，往上一举它就碎了。用它去盛米面粮食，盛什么东西都不行，因为皮薄而体积太大。葫芦这个东西不就是为了最后当容器，或者劈开当瓢来装点东西吗？结果什么都装不了。所以，“这葫芦虽然大，却大得无用，我就把它打破算了。”

庄子说：“你怎么就认为它非要劈开当瓢使呢？如果它是一个完整的大葫芦，你为什么不用个网子把它系起来绑在腰间，用它当做游泳圈呢？这样你可以去浮游于江海啊！带着一个大葫芦自由自在地去漂泊。难道一个东西必须要被加工成某种规定形制的产品，它才一定叫做有用吗？”

有用并不一定实用，我们有时候只是看到了事情的一面，就否定了全部的价值，如生活中的一些事情，从一面看是麻烦，从另一面看是锻炼和提升。我们有什么样的眼睛，就有什么样的生活。

大家都听过一句谚语：说山坡上开满了鲜花，在牛羊的眼中它只是饲料。

所以，在一个好的团队管理者眼中，一定要做到“人尽其才，物尽其用”。《三略》中说：“夫用人之道，尊以爵，赡以财，则士自来。”

意思是说：用人的方法，就是按功行责，有大功者封以爵位，以示其尊，以成其名，并给予财物以供养他，以济其生，以济其家。这样才能使能人志士无后顾之忧，无叛逆之心。所以兵书中总结说：“礼崇则智士至，禄重则义士轻死。”就是说，尊崇有才能的人，那么智谋之士就会投奔于你；俸禄优厚，忠义之士就会死命报效。所以在对待真正的能人贤才时，不要吝惜钱财，封赏有助之士，不要有意拖延，以免错过最佳时机。这样就能上下团结，办成事了。

人尽其才，物尽其用，是管理的一种境界。在企业中，人作为最重要的一种资源，起到至关重要的作用。把握好人、用好人，企业就能得到长足的发展。否则，轻者使企业发展受阻，重者会使企业分崩离析。

用人首先是给人以发挥个人才智的空间和方向，同时要给人才以尊重，责任与担当需要清晰明了。其实好些用人问题，之所以剪不断、理还乱，搞得好些方面不愉快，就在于责任体系不清晰、不健全所致。所以谈到用人，定岗定位是很关键的，这样可以将人的问题和组织问题剥离开来。

其次，需要做好人员的成果管理，重视人员过去的成绩，重视人员的成果，只有这样人员才更容易出成果。成果与劳动是有区别的，成果是可以衡量的、可见的、有价值的劳动结果。

用人的第三点，就是以有效的机制为人才定目标、定方向。有效的激励机制，可以统一团队与个人的奋斗目标，并趋于一致，其结果是实现双赢。

庄子告诉我们：一个葫芦如果长得小可以当瓢用，它有用；一棵树长得小它可以去做桌子椅子，它有用；但是一个葫芦长到最大，不必把它破开，而是当游泳圈，它还是有用的；一棵树长到最大可以仅仅为人遮风避雨，它也是有用。

化解对“有用”的执著，安于自身的条件，整合资源开动脑筋，做到人尽其才，物尽其用。

6.快乐不设限

子非鱼,安知鱼之乐?

——庄子

你不是鱼,怎么知道鱼的快乐呢?不到园林,怎知春色如许?我们一般很容易扭曲自己所看到的事物。

如何去描写这个情况呢?譬如,当你觉得你有脚时,表示你的鞋子有问题,舒适的鞋子是不会让你感觉到脚的存在的。如果感觉眼镜的存在,表明眼镜有问题,是不是镜片很脏了?

忘记是非的话,代表内心处在一个和谐的状态。知道忘掉是非,便是内心的安适;不改变内心的持守,不顺从外物的影响,便是遇事的安适。本性常适而从未有过不适,也就是忘掉了安适的安适。

这就是庄子的幸福哲学,快乐像蝴蝶,不要给自己的内心设限,从而把快乐幸福拒之门外。

有一位老人,在他住所的西面有一片公共的小树林,每天早上老人都会到那里去练太极,累了就和一些老人孩子坐在一起聊聊天、喝喝茶,小树林给他带来了很多快乐。

一天,老人想,要是那片小树林属于自己,该多好啊!那样就没有小孩子进去在里面乱踢乱打,损坏树林,他甚至还可以在小树林里建一栋小房子,静享清福。想到这些后,老人就找到了有关部门,将小树林买了下来,之后便忙着在里边种植花草,修建围栏。

经过一番打理，小树林变得比以前漂亮了，老人的小木屋也在小树林里安了家。开始一段日子，老人确实过得很快乐。但是后来，小树林给老人带来的烦恼接踵而至：

要不要让其他的老人继续像以往一样到小树林里来散步？要不要限制小孩子跑进来嬉戏？如果让他们进来，那小树林还是自己的吗？如果不让他们进来，好像这里死气沉沉的，没有一点活力。到了夏天，时常下雨，一场暴雨将小树林里的花草弄得凌乱不堪，很多花草都拦腰折断了，老人伤心得两天吃不下饭，此后还要天天看天气预报，怕暴风雨再次来临……

结果，这一片小树林把老人弄得心力交瘁，这时候的他才感叹说，有些东西是不必拥有的，拥有了反而会让自己不开心。

对于生活，对于爱情，每个人都怀着美好的憧憬和希望，希望自己什么都拥有，希望自己喜欢的人一辈子都陪伴在自己身边。却很少想过，自己根本就不可能拥有一切，以及有些东西不必拥有等问题。

试想，喜欢每天站在窗外唱歌的鸟儿，就想着要将它抓回来关在鸟笼里。这时候，你是拥有它了，但同时你也失去了观赏小鸟翱翔蓝天的美好心情。

试想，你爱上一个人，如果你和她(他)在一起只能彼此折磨，为什么不放手，让她活得更快乐一点呢？

人类的精彩之处是：我们永远伸着手想摘星星。乔伊斯·布拉泽斯说：“我们得到的越多，想要的就越多。”由于这个原因，我们永远不能拥有一切。放开你的手，降低你的幸福底线，珍惜自己现在拥有的一切吧，如果你还想着去拥有你想要的一切，那么可能连你现在拥有的幸福都会失去！

我们需要记住，永远都不要顾影自怜，更不要为自己找借口，从而将幸福拒之门外。幸福来临的时候，一定要打开你的心扉，用微笑去迎接每一个快乐的瞬间，相信你的人生，一定会越来越美好。

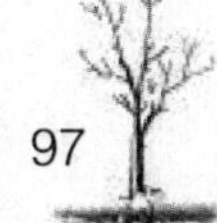

日本著名作家、艺术至上主义者芥川龙之介说:“希望自己的人生过得幸福和快乐,必须从日常的琐事爱起。”

做一个平凡的人,每天夜晚结束了一天的工作生活,躺在床上,看看身边静静入睡的孩子,听听窗外虫鸣啾啾,轻风掠过,想着又平平安安地度过了一天,难道不是一种幸福吗?”

不要渴望自己能够摇身一变,成为一位伟人。凡事需要从平凡做起,懂得平凡、安于平凡的人最终才能够在自己的工作领域内,取得良好的成绩。正如海尔集团首席执行官张瑞敏说的那样:“把每一件简单的事做好就是不简单!把每一件平凡的事做好就是不平凡!”

对幸福的要求不要过高,把点滴生活里最平凡的幸福收集好,当幸福的感觉来临时,找个笔记本将那种瞬间的幸福体验记录下来。就这样一路收集,失意的时候想想曾经的那些美好的幸福时光,心灵就会豁然开朗起来。

7.少一分欲望，多一分幸福

鹪鹩巢于深林，不过一枝；偃鼠饮河，不过满腹。弱水三千，只取一瓢饮。

——庄子

一只小小的鸟，在森林里面，它能筑巢的也只有一根树枝；一条浩荡大河，一个小偃鼠能喝多少啊，果腹而已。

这言外之意就是：人生有涯。不管你拥有多少，一辈子，你能吃多少饭，能住多大的房子，那都是有限的！也就是说，人看清自己的目的，看清自己的方向，看清眼前的权衡，这是不容易的。气球再大，里面也是空的，风筝再美，也不可能飞得比鹰更高。在庄子看来，只有超脱物质的束缚，摆脱心灵的枷锁，拥有一颗超脱的心灵，才能拥有一种洒脱的人生。

有一个人对地主说他想要一块土地，地主看了看他，想了一下说："清早，你从这里往外跑，跑一段就插根旗杆，只要你在太阳落山前赶回来，插上旗杆的地都归你。"

那人开始拼命地跑，太阳快落山了，他还觉得自己的地不够宽。后来看时间不早了，于是就拼命地往回赶。结果，他是跑回来了，但已精疲力竭，一个跟头栽下去就再也没起来。后来，地主找了两个人挖了个坑，把他埋了。牧师在给这个人做祈祷的时候叹着气说："一个人要多少土地呢？就这么大。"

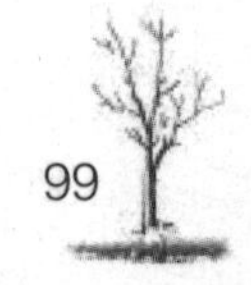

一个人的欲望越多,他离幸福也就越远。多一分欲望就少一分幸福,相反,少一分欲望也就多一分幸福。生活中,我们很多时候之所以觉得自己活得累,其原因就是我们的要求太多,不断地索取,自然会身心疲惫。

曾有人问卡耐基:“用什么方法才能致富?”

卡耐基回答:“节俭。”

那人又问:“现在谁是比你更富有的人?”

卡耐基脱口说:“知足的人。”

那人反问:“知足就是最大的财富吗?”

卡耐基想了一下,引用古罗马哲学家塞尼迦的一句名言回答了他:“最大的财富,是无欲。如果你不能对现有的一切感到满足,那么纵使你拥有全世界,你也不会幸福的。”

生活,需要一定的物质做基础,但物质的索取必须有一个度。人的需求其实是很低的,我们根本没有必要让欲望成为我们心灵上的一颗毒瘤,让它禁锢我们的灵魂,将我们的幸福渐渐吞噬。人应该在满足自己的基本需求的同时,尽可能地抑制住自己的欲望,不要让它无限制地膨胀。要知道,欲望就像气球,越大越诱人,但破灭得也越快!只有顺其自然的人,才会拥有一份属于自己的、安宁的生活。

有人把人生比作一条长河,有其源头,有其流程,有其终点,但是不管它有多长,最终也要流入海洋。既然人生终有尽头,为什么活着的时候,就不能少点欲望,让自己的生活过得安宁一点呢?

8.让心放松下来

泛若不系之舟。

——庄子

可以想象,一艘小船没有系在岸边,风往哪里吹,它就往哪里走,风停了,它也停了,人的一生如果能够达到这样自由洒脱的境界,夫复何求?我们的心应该像一面镜子,看见了世界,也看见了自己,外视世界,内视自心。静下心来,看清自己本初的愿望。

“外在紧张忙碌,积极进取,内在坦荡从容,做生命的主人,乘物以游心。”这是庄子的“心斋”。如何才是心斋?

庄子讲了一个有趣的故事:

有一个工匠很会雕刻,他刻的人与真人完全一样。君王看了吓一跳,问他:怎么能刻得那么像呢?工匠回答说:我开始刻的时候,一定要先守斋,三天之后,心里就不会想会得到什么赏赐,五天之后就不敢想别人会不会称赞我,说我技巧很高呢?七天之后,就忘了自己有四肢五官了。

心斋的意思,就是把功名利禄统统排除;把别人对你这种技术的称赞也都设法排除;最后连自己的生命都要设法超越,然后才去雕刻。这个时候,雕刻已经没有主观的欲望成见,刻什么像什么,等于是宇宙的力量在你身上表现出来。

心斋的比喻说明了:我们的心平常都是向外追逐,追逐许多具体的东

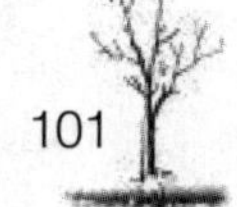

西而不知道回头，以致忽略了内心的修养。

一定要静下来，从虚到静，从静到明。

有个囚徒，关在牢房多年，每天看着四面空空的墙壁，感到心灰意冷。他多想看看外面生机勃勃的世界啊，哪怕每天只看一眼也好。

牢房里有扇窗，很高很小。于是，囚徒把唯一的一张床拖到窗下，把被褥叠高，然后凭借床和被褥踮脚往窗外看。可是看过之后，他更加绝望了——窗外除了高墙便是密如蛛丝的高压电网。没多久，这个囚徒便上吊自杀了。自杀前，他咬破手指，用鲜血在雪白的墙上留下了一句遗言：

给我一扇窗。

这个囚徒的死带给人很大的震动，特别是囚徒留在墙上的那句带血的遗言，引起了监狱领导的高度重视，让他们意识到了问题的严重性。于是，监狱领导逐级向政府部门申报，并恳请有关部门调拨资金重新对监狱的牢房进行科学改建。不久，政府下达批文，划拨了一笔可观的改建基金。

说是改建，其实只是给每个牢房开几扇宽大的窗户，让人从里面能看到外面的日出日落，听到附近的狗吠鸡鸣。简单的改建后，奇迹出现了。逃狱案越来越少，被减刑获得新生的囚徒越来越多，监狱的管理也越来越规范轻松。

后来，有记者采访该监狱的监狱长，问到管理监狱的秘密武器是什么。他只回答了一句话：在每个囚徒心里开一扇希望的窗户。

多么精辟的一句话呀！在这个世界上，要想拯救一个人，最有效的拯救武器莫过于改造其心灵了。

有个小故事是这样的：

有一天，国王独自到花园里散步。看到花园里所有的花和树木都枯萎

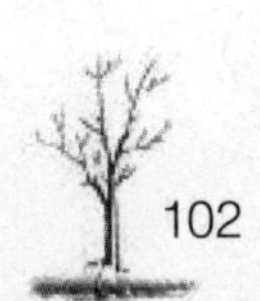

了,园中一片荒凉,国王很吃惊。询问园丁后,国王了解到,橡树由于没有松树那么高大挺拔,因此轻生厌世死了;松树因为自己不能像葡萄藤那样结出许多果实,嫉妒死了;葡萄藤哀叹自己终日匍匐在架子上,不能直立,不能像桃树那样开出可爱的花朵,气死了;牵牛花叹息没有紫丁香那样的芬芳,病死了……

所有的花草树木都因为彼此羡慕、彼此嫉妒而丧失了生命的光彩。最后,让国王转悲为喜的是,细小的安心草还在茂盛地生长。

国王看了看平凡得不能再平凡的安心草,问道:“小小的安心草啊,别的植物全都枯萎了,为什么你却这么乐观坚强,毫不沮丧呢?”

小草回答说:“国王啊,我一点也不灰心失望。因为我知道,如果国王您想要一株榕树,或是一株松柏、一些葡萄藤、一棵桃树、一株牵牛花、一棵紫丁香之类的,您就会叫园丁把它们种上,而我知道您希望我做小小的安心草。”

一位古代哲人说:“没有大烦恼与灾祸的日子,就是天大的幸福。”古希腊的大哲人伊壁鸠鲁说:“幸福,就是身体的无痛苦和灵魂的无纷扰。”

安于平凡,才能像小故事中的安心草一样,没有烦恼地茁壮成长,将阳光和雨露当做命运对自己的最大恩赐,从而快快乐乐地生活。做一棵安于平凡的安心草,幸福与成功两不误,何乐而不为呢?

9.灿烂往往在淡泊从容中不期而至

不得已而为之。

——庄子

所谓不得已，就是当各种条件成熟的时候，你就顺其自然，顺势而行。当条件不成熟时，不要勉强，没有委屈、无奈、被迫之意。

有这样一个故事：

三伏天，禅院的草地上枯黄了一片。小和尚说：“快撒点草籽吧，好难看哪！”

师傅说：等天凉了，随时。

中秋，师傅买了包草籽，叫小和尚去播种。秋风起，草籽边撒边飘。

小和尚喊：“不好了，好多草籽被风吹走了。”

师傅说：没关系，吹走的多半是空的，撒下去也发不了芽，随性。

撒完草籽，跟着就飞来几只小鸟啄食。

“要命了。草籽都被鸟吃了。”小和尚急得直跳脚。

师傅说：没关系，草籽多，吃不完。随遇！

半夜下了一阵骤雨，一大早小和尚冲进禅房：“师傅，这下真完了，好多草籽被雨冲走了。”

师傅说，随缘！冲到哪里就在哪里发芽！

半个多月过去了，原来光秃秃的地面，居然长出许多青绿的幼苗，一些原来没播种的角落也泛出了绿意。

事后，小和尚这才知道，生命中的许多东西是不可以强求的，而我们不曾期待的灿烂，往往在淡泊从容中不期而至。只要有直率之心，顺从自然，道理就唾手可得了。让一切顺从自然，就会发现内心渐渐清朗，是一种最为美好的生存方式。

心里像晴空一般舒畅悠闲，这时才发现人性的灵魂；一个人在淡泊中，内心才会像平静无波的湖水一般，这时才能获得人生真正的乐趣。

要想观察人生的真谛，再也没有比这种方式更好的了。

"淡泊以明志"是人生的最高境界，"淡不是平淡，是绚烂至极也"。"淡，是一种至美的境界。"

高山无语，深水无波。绚烂至极归于平淡，不是平庸之平，也非淡而无味之淡，而是素净质朴，宁静深沉，是深邃的执著，是内心的祥和，是深入的淡定，是物我两忘的境界。作为做人的一种准则和风格，它是人生哲理的深层领悟，是人生境界的极致。

奋斗者可敬，进取者可钦，所向披靡者可佩，热烈拥抱生活者可亲；但是，从容而不趋附，自如而不窘迫，审慎而不狷躁，恬淡而不凡庸，也未必不是另一种积极。

淡是一种醒悟和超脱，坚持"有所不为，然后有所为"，特立独行而非趋炎附势，稳重坚韧而不浮华躁动，义无反顾而举重若轻。

淡，不是平淡无味，而是有取有舍，有收有放，有失有得。

生活中苦恼总是有的，有时人生有苦恼，不在于自己获得多少，拥有多少，而是因为自己想得到更多。人有时候想得到的太多，而自己的能力很难达到，所以我们便感到失望与不满。然后，我们就自己折磨自己，说自己太笨，不争气等等。就这样自己种自己过不去，与自己比较。

其实，静下心来仔细想想，生活中的许多事情，并不是你的能力不强，恰恰是因为你的愿望不切实际。我们要相信自己具有做种种事情的才能，

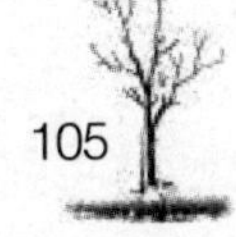

当然相信自己有能力，并不是强求自己去做一些力所不能及的事情。

事实上，世间任何事情都有一个限度，超过了这个限度，好多事情都可能是极其荒谬的。我们应时常肯定自己，尽力发展我们能够发展的东西，剩下的，就安之若素吧。只要尽心尽力，只要积极地朝着更高的目标迈进，我们的心中就会保存一份悠悠自得。

从此，再不会再跟自己过不去，不会责备、怨恨自己了，因为，我们尽力了。即便在生命结束的时候，我们也能问心无愧地说“我已经尽了最大的努力了”，那么，你真正地此生无憾了！

别跟自己过不去，这是一种精神的解脱，它会促使我们从容走自己选择的路，做自己喜欢的事情。真的，假如我们不痛快，要学会原谅自己，这样心里就会少一点阴影。这既是对自己的爱护，又是对生命的珍惜。

10.不为徒有其表的名声、权势役使

终身役役而不见其成功，苶然疲役而不知其所归，可不哀邪！

——庄子

庄子说:“世人终生奔波于名利而不见有所作用,疲惫不堪而不知自己的归宿,太悲哀了。”

这里有一个著名的故事:

庄子在河南濮水边悠闲地垂钓。楚威王闻讯后,认为庄子到了自己的国境内,真是机会难得,于是速派两位官员赶赴濮水接庄子。来者向庄子传达了楚威王的旨意,邀请庄子进宫,愿将楚国的治理大业拜托给庄子。

庄子手持钓竿听毕来者的意图后，头也不回，眼望着水面沉思片刻，说:“楚国有神龟,死去已有三千年。楚王将它的骨甲装在竹箱里,蒙上罩巾,珍藏在太庙的明堂之上供奉。请问:对这只神龟来讲,它是愿意死去遗下骨甲以显示珍贵呢,还是宁愿活着,哪怕是在泥塘里拖着尾巴爬行呢?”

两位来使听完庄子的一番发问，不加思索地回答:“当然是选择活着，宁愿在泥塘生存。”

庄子见他们回答肯定，回过头悠然地告诉两位官员:“有劳两位大夫，请回禀楚王吧,我选择活着!”

这篇寓言表现了庄子的人格高洁,不为徒有其表的名声、权势而放弃生命自由。人生最可贵的是生命,生命最可贵的是自由。

面对楚王的邀请，他选择了“泥塘”，不愿做供奉于庙堂之上的龟甲。庄子拒绝了在别人看来千载难逢的机遇，自由地坐在岸边垂钓，秀美的山水给了他无限的乐趣，和煦的清风给了他智慧的思考，他不为徒有其表的名声、权势而放弃生命的自由，他笑对清贫的生活，笑对人间的功名，那是怎样的一种闲适呀！他安然的生活造就了“无己”、“无功”、“无名”的高洁，吟出了心如濮河般澄澈的“秋水”。

很多人出于对权力的贪婪与欲望，无时无刻不在费尽心思争取更多更高的权力，甚至为此可以决一死战。很容易突破道德良知的底线，甚至做出违法犯罪的事情。

因此，古罗马历史学家塔西陀说：“权力欲是一种最臭名昭著的欲望。英国思想家霍布斯更是对权力欲做出了形象的描述：得其一思其二、死而后已、永无休止。”

历代统治者，虽然拥有许多的权力，却也付出了极大的代价。权力，在没有拥有的时候很多人都在追逐，但很多人最终也伤在“权力”上。这是许许多多统治者的致命伤！

实际上，我们应该明白，世界上的一切都将过去，就连我们的生命都将过去，所有的权势功名终将化为尘埃。想要获得幸福，只有淡泊名利，以一副淡雅、低调的心态面对名利的纷扰才是做人的最佳姿态。

“也无风雨也无晴”，一如苏轼的旷达，一如故都四合院清秋啜饮的悠游。笑因清风而坦然，怒因香茗而消散。士人不以仕不顺而叹惋，诗人不以怀才不遇而哀伤。唯有清风与香茗贮藏在心中，才会让灵魂获得恒久的平静。

第五课

跟孟子学国学中的取舍之道

人物简介:

孟子(约公元前372—前289年),名轲,字子舆,战国时邹(今山东省邹城市东南)人。孟子早年丧父,是在母亲的呵护和教育下长大成人的。虽然家境并不好,但他的努力和勤奋造就了他的成功。

根据《史记》的记载,孟子"受业子思之门人"。但在孔子之后,孟子对儒学的贡献最为显著。后人将孟子称为"亚圣",将他与孔子并称"孔孟",将儒学称为"孔孟之道",都是对孟子在思想史上的地位的肯定。孟子的论述,主要集中在《孟子》一书中。

在人性善的基础上,孟子提出了对君子的认识。他说:"鱼,我所欲也;熊掌,亦我所欲也,二者不可得兼,舍鱼而取熊掌者也。生,亦我所欲也;义,亦我所欲也,二者不可得兼,

舍生而取义者也。”所以，我们的欲求有超过生命的，我们的恐惧有超过死亡的，不只是圣贤才有这样的心境，每个人都有。但只有圣贤的人才能保持，使之不丧失。

因此，他提出了“居天下之广居，立天下之正位，行天下之大道；得志，与民由之；不得志，独行其道。富贵不能淫，贫贱不能移，威武不能屈，此之谓大丈夫”的做人标准，作为自己的人生追求。

舍生而取义，正是在这个意义上被后世的人们所认同和推崇。

1.取和舍来源于你的世界观

鱼,我所欲也;熊掌,亦我所欲也,二者不可得兼,舍鱼而取熊掌者也。生,亦我所欲也;义,亦我所欲也,二者不可得兼,舍生而取义者也。

——孟子

在人性善的基础上,孟子提出了对君子的认识。

春秋战国时期的宓子贱,是孔子的弟子,鲁国人。有一次齐国进攻鲁国,战火迅速向鲁国单父地区推进,而此时单父正由宓子贱治理。当时正值麦收季节,大片的麦子快要成熟,不久就能收割入库了,可是战争一来,眼看到手的粮食就会被齐国抢走。当地一些父老向宓子贱提出建议,说:“麦子马上就熟了,应该赶在齐国军队到来之前,让咱们这里的老百姓去抢收,不管是谁种的,谁抢收了就归谁所有,肥水不流外人田。”还有的说:“是啊,这样把粮食打下来,可以增加我们鲁国的粮食,而齐国的军队也无法抢走麦子作军粮,他们没有粮食,自然也坚持不了多久。”

尽管乡中父老再三请求,宓子贱坚决不同意这种做法。过了几天,齐军一来,把单父地区的小麦一抢而空。

为了这件事,许多父老埋怨宓子贱,鲁国的大贵族季孙氏也非常愤怒,派使臣向宓子贱兴师问罪。宓子贱说:“今年没收到麦子,明年我们可以再种。如果官府这次发布告示,让人们去抢收麦子,那些不种麦子的人就可能不劳而获,得到不少好处。单父的百姓也许能抢回来一些麦子,但是那些趁火打劫的人以后便会年年期盼敌国的入侵,民风也会变得越来越坏。其实单父一年的小麦产量，对于鲁国实力的影响微乎其微，鲁国不会因为得到单父的麦子就强大起来，也不会因为失去单父这一年的小麦收成而衰弱下去。但是如果让单父的老百姓，以至于鲁国的老百姓都存有这种借敌国入侵来获取意外财物的心理，且这种侥幸获利的心理难以整治，这才是我们几代人的大损失呀！”

宓子贱自有它的得失观，他拒绝了父老的劝谏，让入侵鲁国的齐军抢走了麦子，他认为这样舍去的只是有形的、有限的那一点点粮食，而得到的却是彻底消除民众存有的侥幸得财利的心理。

很多先哲都明白得失之间的关系。

柳下惠是鲁国的大夫，曾任士师，三次被国君免官，可他却不走。故此《鲁论》上记载说：“柳下惠，担任士师，三次被罢免。”

有人对他说：“你怎么不离开鲁国呢？”他回答说：“正直清白地做官，到哪里去不会被多次罢黜？没有正义感地做官，那又何必离开自己的国家？”孟子说：“柳下惠被免了官也没有怨言，穷困了也不显出可怜的样子。”

因为他明白，要做一个清白正直的人，势必会遭到邪恶势力的嫉恨，而使自己的利益受到损失。但即便是个人利益遭受损失，也不能放弃自己的主张。他看重的是自身的修养，而并非一时一事的得与失。

所以说，你的取舍，很大一部分来源与你的世界观和人生观。

试想，一个身体强健、且富有才干的青年人，假如把所有的精力都放在那些卑贱低微的工作上，而埋没了自己的理智与才干，他还有什么希望呢？俗话说得好：“做人如逆水行舟，不进则退。”这是所有青年人都应该牢记的。

世界上不知道有多少年轻人，他们才识甚高、才干过人、身强体壮，本

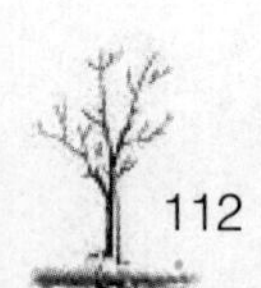

可以大有一番作为，但却甘愿自己的智能和体能都消耗在一些毫无意义，甚至使人堕落的工作上。

假如一个青年人为了一点眼前利益就不惜牺牲自己的人格和尊严，做出那些伤天害理的事情，他们哪里还有颜面去面对自己的亲人和朋友？换另一个角度看，如果仅为了满足一时的欲望和快乐而置一生的名誉于不顾，这种做法明智吗？这世上最可悲的事，就是一个人违背自己的良知和意志，去做自己不愿做的事。

凡是能成就大事的人，当他们遇到重要的选择时，一定会仔细地考虑："我到底应该把精力放在哪一方面呢？怎么做才能既不使我的品格、精力与体力受到损害，又能获得最大的效益呢？"

一个人在世上有许多职业可以选择。即使从事掘沟渠、开煤矿、搬砖石、砌瓦片等比较辛苦的工作，也不应该去做那些有损人格和自尊、违背天良、牺牲快乐、违背情理的事情。

2.坚持正确的取舍之道

富贵不能淫，贫贱不能移，威武不能屈，此之谓大丈夫。

——孟子

尽管舍与得这一对范畴，作为理念，并不一定要做什么切割，但具体实行起来，仍有其价值标准。

舍与得的标准，须是人性之正、人性之常，是趋向正面的东西，否则，即使是做坏事，也可以在舍与得这一对范畴中做文章了。

一部《泰坦尼克号》电影，让泰坦尼克号的故事举世闻名。2009年，泰坦尼克号中最后一位生还者也离开了人世。这艘传奇的豪华游轮的风云故事还在续写，只不过除了Rose和Jack的惊世爱情之外，泰坦尼克号还有更深的隐情。

美国新泽西州州立大学教授、著名社会学家戴维·波普诺在他的《社会学》一书中写道："不幸的是救生船不够。尽管很多人(超过1500人)遇难，但乘客遵守'先救妇女儿童'的社会规范，使得英国公众和政府面对这一巨大的灾难，'可以找到一些安慰'——统计数据表明：乘客中69%的妇女和儿童活了下来，而男乘客只有17%得以生还。

这是英国人奉献给世界的一条活生生的文明守则。这条照顾和保护弱势群体的文明守则，曾经给英国人最大的尊敬和无比的安慰。

然而波普诺接下来的分析却让英国人无法面对了。

"我们发现，三等舱中的乘客只有26%生还，与此对应的是，二等舱乘客的生还率是44%，头等舱的乘客中有60%。头等舱男乘客的生还率比三等舱中儿童的生还率还稍高些。轮船的头等舱主要由有钱人乘坐,二等舱乘客大部分是中产阶级职员和商人,三等舱(以及更低等)主要由去美国的贫穷移民乘坐。”

这才是人类社会更为强悍的真正的生存法则。

好莱坞的豪华制作奉献给了我们一个公主与平民的爱情童话。然而还原到当时的泰坦尼克号上,那个以为自己拿了一手好牌的Jack尽管有一段离奇艳遇，并因最终将生还的机会留给恋人而在恋人的记忆中得以永生，事实上，即便Jack不将生还机会让给Rose，恐怕他生还的机会也是很渺茫的。甚至他没有机会看到就生船只,便被排除在了救助范围之外。这才是真正的“泰坦尼克号传奇”!

好莱坞奉献的是一段梦幻,而现实总是冰冷而残酷的。波普诺的分析毫不客气地拆穿了英国人的“安慰”:“在泰坦尼克号上实践的社会规范这样表述可能更准确一些:头等舱和二等舱的妇女和儿童优先。这才是泰坦尼克号上的真正生还规则。”

是的,品质、财富、权势和声望决定了泰坦尼克号上谁可以被救、谁不值得被救。当文明的英国人再去回望时,他们发现自己的规则无法支撑自己的信仰。所以这一个矛盾的取舍,痛苦、失落……在此后的日子里一直伴随着他们。所以说,有良知的“舍与得”才是一种正确的投资。

曾经看到过一道测试题,颇有感触！题目是:

你开着一辆车,在一个暴风雨的晚上,经过一个车站,那有三个人正在等公共汽车。一个是快要死的老人,很可怜的。一个是医生,他曾救过你的命,是大恩人,你做梦都想报答他。还有一个女人/男人,她/他是那种你做梦都想娶/嫁的人,也许错过就没有了。但你的车只能坐一个人,你会如何选择哪个？请解释一下你的理由。

看到这里,请你先停一下,考虑一下你会如何选择?

面对问题,每一个人都难以取舍,因为每一个选择都有他应该存在的原因:老人快要死了,应该首先先救他,没有什么比人的生命更重要;每个老人最后都只能把死作为他们的终点站,应该先让那个医生上车,因为他救过自己,这是个好机会报答他;对于恩人,可以在将来某个时候去报答他,,但是一旦错过了这个机会,你可能永远不能遇到一个让你这么心动的人了。于是,仁者见仁,智者见智,即便是面对两难的抉择,人们也尽量理清思绪,从中选择一个对自己最重要的答案来,并搜肠刮肚地给出一个看上去比较冠冕堂皇的理由……

最后,有人给出了一个答案:“把车给医生,让他带着老人去医院,而我则留下来陪我的梦中情人一起等公车!”

这个答案可谓是“取舍有道”的一个最好例子。它说明:取舍之间是需要胆略和智慧的,但它更决定于你的人生观和世界观。

请你认真思考以下问题,并写下来。它们有助你建立起正确的取舍之道:

生命中你到底在追求什么?

什么才是你真正想要的?

假如你所有的梦想都实现了之后,你还需要什么?

什么时候是你最感幸福和欣慰的时刻?那是一种怎样的感觉?

什么事情使你最感动?你是如何获得这种感觉的?

你来到这个世界的价值是什么?什么事情对你是最重要的?

在你生命中不能没有什么?你到底为了什么而活着?

你怎么做才觉得生命是最有意义的?

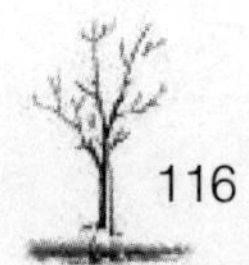

3.逆境是一种恩惠

故天将降大任于斯人也，必先苦其心志，劳其筋骨，饿其体肤，空乏其心，行拂乱其所为，所以动心忍性，曾益其所不能。

——孟子

命运将要把重要的任务加到某人的身上，一定要先苦恼他的心意，劳动他的筋骨，饥饿他的肠胃，穷困他的身子，他的每一个行为总是不如意，这样便可以震动他的心意，坚韧他的性情，增强他的能力。

贝弗里奇说："人们最好的工作往往是在处于逆境情况下做出的。思想上的压力，甚至肉体上的痛苦都可能成为精神上的兴奋剂。"人们可以把逆境当成动力，激励自己顽强地奋起，去争取幸福。

世界级的小提琴大师尼科罗·帕格尼，幼年时就充分显露出音乐才能，不论什么曲子，他立刻能轻松地演奏出来。虽然是个音乐奇才，帕格尼却从小就病魔缠身，一生中几度死里逃生。

自4岁的一场麻疹开始，帕格尼几乎是在病痛中成长；7岁那年，他差点死于猩红热；13岁时则罹患肺炎，必须大量放血治疗；40岁时，因为牙床突然发脓，几乎拔掉所有的牙齿。接着，牙床才刚康复，他的眼睛又感染可怕的传染疾病。50岁之后，关节炎、肠道炎、喉癌等疾病不断向他袭来，后来他的声带也坏了，成了哑巴，只能靠儿子按他的口形来与人沟通，这些可怕的灾难恶狠狠地吞噬着他的生命。

面对这些病痛，帕格尼从小就习惯把自己"囚禁"起来。他从3岁开始便

经常躲在房里练琴，而且一练就是12个小时。12岁时，他举办了首场个人音乐会，一举成名，轰动了音乐界。日后，他的琴声遍及欧洲各个角落，作品和演奏技巧几乎慑服了欧洲所有的艺术家，歌德和李斯特都曾对他的琴音大加赞叹："在他的琴弦上，不知道充满了多少灵魂。"

生活，有时绚丽让人美不胜收；有时却又残酷让人不寒而栗。在人生漫长的旅途中，有顺境，也有逆境。人们要想获得事业的成功，生活的幸福，不可避免地要经历这样一个过程。

相对而言，处于顺境中是幸运的，陷于逆境中是不幸的，是一种厄运。但是许多奇迹却都是在厄运中被创造出来。用平凡的话来说，幸运所生的德性是节制，厄运所生的德性是坚忍。在理论上来讲，后者是一种更伟大的德性。

逆境能磨砺人的意志，激发人们克服困难，顽强进取。温室里的花朵经不起风雨的袭击；饱受风浪考验的海鸥却能够搏击海空。处在顺境中的人也许会虚度一生，处在逆境中的人却能够顽强奋进，取得辉煌的成就，获得更大的幸福。

曹雪芹在创作古典文学名著《红楼梦》时，恰好经历了曹家"赫赫扬扬"达百年之久的家族由盛及衰的过程，由"锦衣纨绔"，降为落魄的"寒士"，过着"蓬牖茅椽，绳床瓦灶"和"举家食粥酒常赊"的贫困生活。这让曹雪芹深感世态炎凉，对封建社会有了更清醒、更深刻的认识，决定要把这些深刻而痛苦的回忆写进自己的书里。

然而在封建社会里，读书人的唯一"正路"是读经典、考科举，写小说被认为是不务正业的行为。再加上当时又是清朝文字狱盛行的时期，在写作中稍有不慎，就会触怒统治阶级，轻则充军流放，重则满门抄斩，甚至株连九族。上层统治者和文人学士，又习惯于从小说中捕风捉影，猜度其中"影射"何人何事。

在漫长的创作过程中，某些章节不断流出，其内容遭到了族人的不满，也引起封建官僚和封建卫道者的猛烈攻击。除了二三好友支持他外，世人都认为他是"傻子"、"疯子"。统治者甚至以拆毁他的房屋，令他几度搬迁来阻止他的写作活动。

面临这样的逆境，曹雪芹没有消沉退却，而是把逆境当成动力，"披阅二载，增删五次"，把全部心血都倾注在《红楼梦》的写作上。

人生之路并不是坦途一条，获得幸福之路也不是畅通无阻的。在逆境中，矛盾更加集中，成败的抉择更为迫在眉睫，生死的较量，善恶的较量，伟大与渺小的较量也更为迫切。

逆境犹如悲剧的高潮，它最能考量出一个人的意志和品质，也最能激发出一个人的潜能。我们应该把困境看成是一种恩赐，一种促使成功的机遇，这样我们才能积极面对它、战胜它，从而走出困境，走向成功。

4.要有“生于忧患、死于安乐”的危机意识

生于忧患，而死于安乐也。

——孟子

为了增强企业发展能力，企业需要不断增强危机意识。是否具有危机意识，关系着企业应对环境变化的反应能力。一个企业越是满足于过去的成就，就越容易忽略竞争环境的变化，而丧失危机意识。缺乏危机意识的企业，其变革的意愿就越小、变革的能力就越差、转换核心竞争力的动力就越不足，也就越可能在竞争的洪流中遭受挫败。所以，我们的企业应时刻有“生于忧患、死于安乐”的危机意识。

据调查，在世界500强企业名录中，每过10年，就会有13家以上的企业从这个名录中消失，或下榜、或破产。在总结这些企业衰落的原因时，人们发现，春风得意之时正是这些企业衰落的开始，因为正是在这个时候，他们忽视了危机的存在，忘记了产品开发以及经营管理的超前性。我们看到，在世界500强中长期站住脚的企业，则对危机意识有着另一种深刻的认识。他们即使在企业发展很顺利的时候，依然保持着一定的危机意识。

在德国奔驰公司董事长埃沙德·路透的办公室里挂着一幅巨大的恐龙照片，照片下面写着这样一句警语：“在地球上消失了的、不会适应变化的庞然大物比比皆是！”

英特尔公司原总裁兼首席执行官安德鲁·葛洛夫有句名言叫“惧者生存”。这位世界信息产业巨子将其在位时取得的辉煌业绩归结于“惧者生

存”四个字，足见安德鲁的忧患意识过人。

通用电气公司前任董事长兼首席执行官韦尔奇说：“我们的公司是个了不起的组织，但是如果在未来不能适应时代的变化就将走向死亡。如果你想知道什么时候达到最佳模式，回答是永远不会。”也正是因为洞察到变革的必要，韦尔奇提出了企业也要居安思危的观点。

百事可乐公司的负责人韦瑟鲁普在公司蒸蒸日上的时候，反而提出了“末日管理”理论，他经常以大量令人信服的信息让员工体会到危机真的会来临。“末日”似乎不远，以此激发员工不断积极向上的斗志，并要求公司的年经济增长率必须保持在15%以上。近几年，百事可乐快速追赶并超过可口可乐的业绩，充分体现了“末日理论”的实用性。

比尔·盖茨同样是个危机感很强的人。当微软利润超过20%的时候，他强调利润可能会下降；当利润达到22%时，他还是说会下降；到了今天的水平，他仍然说会下降。他认为这种危机意识是微软发展的原动力。微软著名的口号“不论你的产品多棒，你距离失败永远只有18个月”，正是这种危机意识的体现，也可能正因为微软的这种高度警惕性，它能随机应变地顺利度过“反垄断案”的难关。

就像IBM的总裁Gerstner先生所说的那样：“长期的成功只是在我们时时心怀恐惧时才有可能。不要骄傲地回首让我们取得过往成功的战略，而是要明察什么将导致我们未来的没落。这样我们才能集中精力于未来的挑战，让我们保持虚心、学习的饥饿及足够的灵活。”

5.对孩子加以忧患意识的教育

君子安而不忘危,存而不忘亡,治而不忘乱,是以身安而国家可保也。

——《周易》

孟子云:“生于忧患,死于安乐”。“忧患”就是艰难困苦,不堪忍受;“安乐”就是安逸舒适,快乐惬意。“生于忧患”,就是困苦磨炼了人的意志,催人奋发向上,使人生命力顽强,朝气蓬勃。“死于安乐”,就是说安逸舒适的生活,会消磨人的志向,使人贪图享乐,惧怕艰苦,不思进取,从而使人失去了生存能力与旺盛的生命活力。简单地说,忧患意识,是指一个人对未来的预见意识和防范意识,并由此产生危机感和责任感。它是人们改造世界的重要精神动力。

忧患意识,是中华主流文化的精髓,是关注社会,面对人生,正视现实的基本素质。《国歌》里唱道:“中华民族到了最危险的时候……”古代文学家范仲淹,一直都在宣扬“先天下之忧而忧”的民族精神。法国教育家卢梭也指出:“在我们中间,谁能忍受生活中的幸福和忧患,谁就是受了最好教育的人。”

因此,家长对孩子的教育,应该注意培养他们的忧患意识。

谈忧患意识,不得不强调危机感和责任感。孩子的危机感和责任感,影响他们一生的命运。一个责任心强的人,事业更容易成功。

美国前总统里根11岁时,踢足球不小心打碎了邻居的玻璃,邻居要他赔偿12.5美元。父亲对里根说:“你要对自己的过失负责!我可以借钱给你,但一年后你必须还给我。”按照父亲的要求，里根到邻居还了钱，之后便不辞劳苦，边读书边打工赚钱。

在物质文明飞速发展的今天，家长要以新的观念教育孩子，尤其不能忽视对孩子进行忧患意识的教育。家长应该注重提高自身的素养，以一个对工作和生活极端负责任、对未来忧虑的形象出现在孩子面前，走进孩子心灵的深处，对孩子产生潜移默化的影响。要细致地做孩子的思想教育工作，使他们明白，在人的整个生命过程中，必定会遇到许多艰难和挫折。只有临危不惧，坚强面对，才能迎难而上，找到生命的真正意义。

要转变家庭教育的价值观，不怕孩子吃苦。家长要创造情景，对孩子进行“苦其心志，劳其筋骨，饿其体肤，空乏其身”的挫折教育，使孩子知道幸福生活来之不易，认识到要靠自己的双手和智慧创造财富。孩子有了忧患意识，就会正确面对艰难困苦。在现实生活中不断提高和完善自我，锻炼坚强的意志，培养开拓的精神。

每个人的童年都需要开心，但开心只是主流。家长应该让孩子从小具有一定的忧患意识，主要是培养他们思考事情的意识，做事要有危机意识和责任意识。

世事没有绝对的开心，也没有绝对的忧患。家长要教育孩子在开心中学会承担，在忧患中享受成功。让孩子明白，没有任何人(包括父母)有让他们开心的义务。孩子必须学会自己的事情自己认真思考，独立完成，并且学会为别人着想。只有这样，孩子才能在受挫折和打击时，也保持乐观的态度、健康的心理和完整的人格。

6.穷不是你的错,同样也不是你父母的错

君子不怨天,不尤人。

——孟子

不要把自己不成功的原因都归结到现实太黑暗上去,很多人只是为自己的失败找借口。其实现实不像你想得那样“伸手不见五指”。社会当然不会是绝对公平的,但是这不意味着你就失去了得到机会的权利,只要你直面现实,用积极的心态去承受、去改变现状,早晚会得到公平的待遇。不管你遭受了如何的不公平,生活还要继续,与其怨天尤人,还不如接纳生活、平静心态、暂且忍耐现状,终究会看到胜利的曙光。

如果说贫穷是父母的错,那同样是贫穷的父母,为什么有的穷孩子就能成功,而你为什么就一事无成呢?照此推理,你的父母是不是应该抱怨他们有个不争气的孩子呢?所以,穷不是你的错,同样也不是你父母的错。有的人天生富贵,自小过着锦衣玉食的生活,上的是最好的学校,浑身上下全是名牌,从来不为生计发愁,想创业就有资金支持他,失败了也无所谓,更让人羡慕的是还有一大笔钱等着他去继承!有的人却是自打出生起就没过好日子,连一个鸡蛋都吃不上,家徒四壁,一穷二白。别说娱乐了,连温饱都成问题,年年穿着不知谁施舍的衣服,想靠知识改变命运,却连学费也交不起,母亲又突生重病欠了一屁股债……

这时候你可能最埋怨父母,你不理解同样是父母,为什么人家的父母就能赚到钱,而自己的父母却把日子过得无比艰难?为什么自己的父母一点本事也没有?甚至你还埋怨父母为什么把你带到这个世界,既然不能给

自己带来幸福快乐,那干脆就不要把自己带来,来了也是受罪……

当然,你的抱怨也是可以理解的,因为我们还年轻还无奈,人生的压力、社会的压力压得我们抬不起头来,看着别人五光十色的生活,你的生活只是一片灰暗。你可能会因为穷而自卑,可能因为穷而失去朋友、失去心爱的恋人,也可能因为穷使得别人看不起你,总之因为穷使你承受了很多很多的压力,所以,你当然有理由抱怨,可是有用吗?的确,贫穷不是你的错,但是你无法选择出生的贫富环境。

相信自己,也许正是因为你的穷,才让你看清楚人的本性,领悟到用金钱无法衡量的财富;也许正是因为你的穷,才让你看透了生活的实质,明白了人生的真谛。所以,不要觉得穷是耻辱、穷就是错,堕落才是罪过。千万不要在意别人怎样看你,最重要的是你要相信自己,看得起你自己。

常言道"十年河东转河西,莫笑穷人穿破衣"。无论你现在有多么贫穷,也无论别人现在有多么富有,谁又知道明天会是什么样?所以,不要因为穷就怨天恨地,抱怨父母,他们比穷更可悲。世界上穷人那么多,你也只不过有幸是其中之一,再说穷也不是"终身制"的,很多穷人不是也变成富人了吗?很多富人也不是生来就富的,因此,你又何苦自甘堕落、意志消沉。穷人一样有志气,穷人一样可以出人头地。

曾任美国副总统的亨利威尔逊,写过一本自传,他书中他这样写道:

当时我们家很穷,当我还是个小小的婴儿时,贫穷就露出了狰狞的面孔。我知道穷的滋味,当我向母亲要一片面包而她连一点面包屑都没有。我承认穷,但我不甘心。可以说,我一生所有的成就都要归结于我这颗不甘贫穷的心。为了改变贫穷的命运,我决定到外面的世界去。才10岁我就独自离开了家,给人家当了11年的学徒工,不过每年我可以接受一个月的学校教育。11年艰苦的学徒生涯,为我换得了一头牛和六只绵羊的报酬,价值几美元。我21岁了,在此之前,我从来没有在娱乐上花过一分钱,每个美分都是经过精心计算的。刚过完我的21岁生日，我就带着一队人马去采伐大圆木，那地方人迹罕至，条件极为艰苦，但是我从来没有放弃过。每天，我都在太阳出现之前起床，然后一直工作到星星出来为止。这样一个月后，我获得了6美元的报酬，6美元在当时对我来说真是天文数字，每个美元就像月亮一样闪闪发光。

我从来没有忘记要摆脱贫穷的诺言，我决不会做贫穷的俘虏，所以我不会让任何一个发展自我、提升自我的机会溜走，我要竭尽全力地摆脱贫穷。你知道吗？在我21岁之前，我想方设法读了1000本好书，这是个艰巨的任务，但我做到了。

辞了伐木工的工作后，我步行到100里之外的内笛克学习皮匠手艺，整个旅途我只花了一美元零六美分。一年之后，我已经是内笛克一个辩论俱乐部里的佼佼者了。

后来，我发表了著名的反奴隶制度的演说，又过了几年后，我与著名的社会活动家查尔斯萨姆纳一同进入了国会，再后来，我成为了美国的副总统。此时，贫穷早已离我远去。

我所面对的贫穷不是选择，而是命运，父母的结合注定了我穷困的开始。但我得感谢我的贫穷，它催我奋进，我的成功应该归功于它。我感谢我的父母，当然，我的父母也为我感到骄傲，一个穷孩子终于梦想成真。

威尔逊用现在的话来说，明显一个“穷二代”，甚至连“穷二代”都不如，但是他从来没有让贫穷熄灭自己内心的火焰，没有在贫穷中自甘堕落，不甘贫穷的勇气，把他推上了议员和副总统的显赫地位。

所以说，如果你陷入困境，不要一味抱怨那是你父母的错。你没有名牌的衣服、没有高档化妆品、不是你父母的错，他们能够把你养大，再送你上大学已经很了不起了，你应该为他们感到骄傲。

穷不是你的错，同样也不是你父母的错，抱怨只会让你穷得可悲，还不如从实际出发，用心去改变生活。

7.克服对大人物的畏惧心理

说大人则藐之,勿视其巍巍然。

——孟子

意思是,向大人物进言,就得轻视他,不要把他高高在上的位置放在眼里。这句话可能受到当时孟子所处的政治环境影响,但是从我们今天的角度来解读,那就是大人物也是人,没什么了不起的,和他们交往,要保持一颗平常心,要有落落大方,不卑不亢的态度。

有一个星期天,部门经理打电话喊小苏去某大酒店陪酒。进去一看,好几个总公司的高官级人物、包括总经理都在场。小苏一看见这么多大领导,立刻就有点怯场,恨不得立刻扭头就跑。勉强问候过各位上司,跟同事打过招呼,小苏就坐在一边傻笑,或听各位领导胡扯,或低头闷声吃喝。

第二天一上班,部门经理见到小苏就是一顿臭骂,原来总经理直属的实权部门——行政办公室缺少一个干事,恰好在酒桌上跟小苏的部门经理提起,部门经理觉得小苏人不错、业务能力也挺强,就把他推荐了出去。随即就喊了小苏过去,想让总经理看看是否相中。

结果小苏就知道闷头喝酒吃菜,总经理看了不太中意,事情就算了。就因为对大人物存在畏惧心理,不敢跟上司说话,小苏错失了调到好部门的机遇。

小苏这种对大人物的畏惧心理，在很多年轻人、甚至多年的职场老前辈身上也有存在，不仅影响了自己的工作效果和交际圈子的发展，也极大地限制了个人的事业发展。

其实要消除对大人物的畏惧心理，并不困难。首先必须自己对大人物的畏惧心理有一个理性的认识。崇拜并畏惧权力、金钱和名声是人类的通病，其实有这种心态的也不止你一个人，也并不算什么罪恶。所以你大可不必因为自己对大人物的过分敏感而感到羞耻。

我们之所以对大人物心存畏惧，主要是畏惧对方所掌握的巨大权力、财富和声名，而在人格上我们并不比他们有任何的低贱。如果我们仔细研究历史就会发现，为了生存、为了生存得有质量，追名逐利是普罗大众的大势所趋，淡泊名利是罕见的特殊现象。

有些人见到大人物之所以心存畏惧，实际上是一种复杂情绪的综合反应。除了敬畏，还有可能包含着敌意。敌视大人物的人往往有很强烈的逆反心理，比如在小时候因为和父亲或其他家长关系不好，结果产生了一种本能的对地位比自己高的人的反感。自己心存敌意，不愿意对大人物曲意逢迎，于是担心自己得不到对方的欢心，对方也很难喜欢自己。种种算计互相冲突牵制，在心理上无法形成一个绝对优势的行为指导原则，结果在见到大人物时，就会汗如雨下、不知道说什么好做什么好。

的确，人无完人，何况有些大人物的晋升、发达路的确充满了不可置评的复杂情况。但是应该理解这样一个事实：几乎任何一个成功者都是有其过人之处的。很多问题理解的角度不同，评价也就不一样。

如果你能阐幽发微地挖掘出大人物的独特优势，发自内心地认可对方，在跟对方相处时，比起虚情假意地交往，自然就要表现得亲切、真实、自然得多。

8.抛弃依赖的习惯

自暴者,不可与有言也;自弃者,不可与有为也。

——孟子

自己损害自己的人,不能和他谈出有价值的言语;自己抛弃自己(对自己极不负责任)的人,不能和他做出有价值的事业。别人的支持是不可靠的,也是不长久的,就算是亲生父亲也不能让你靠一辈子。如果你只有让别人扶着才能站立,那你就是阿斗,就是诸葛亮在世也扶不起来!与其把自己生活的主动权放在别人手里,不如自己努力,培养自己独立自主的能力,无论怎样风吹雨打,你都屹立不倒。

有一个关于鹰与箭的故事。箭非常羡慕鹰,因为鹰能长久地在天空中翱翔。有一天,鹰又展翅高飞,是那样潇洒自如。这时,箭也“嗖”的一声腾空而起,从身后超过了鹰。箭非常高兴,可还没等它好好享受飞翔的快乐,便一头向下栽去,重重跌落到了地面上。箭十分沮丧,它不解地问鹰:“我也能飞,你看,我也有羽毛,可为什么我不能像你那样在天空飞得那样自由、那样长久呢?”

鹰看了看了箭的“羽毛”,笑着回答说:“你之所以能飞,是因为靠着别人一时的支持,而我凭借的是自己的力量!”

在现实生活中,像箭这样的人有很多,并且很多人也希望变成像箭这样的人,正所谓“背靠大树好乘凉”。如果有可以“靠”的东西,比如娶一个富

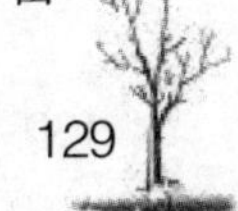

有的老婆或有一个有背景的老婆，那一个男人至少可以少奋斗十年，不用辛苦又可以有房、有车或者升官，这怎能不让人心生向往？

有“靠山”的人在生活中屡见不鲜，古今中外皆有，他们都曾倚仗“靠山”盛极一时，虽然没有真才实学，但却身居高位，要风得风，要雨得雨，趾高气扬。但好景不常在，最终随着靠山的倒下，他们也是“树倒猢狲散”，徒留笑柄。如果你不通过自己的实力来站稳脚跟，而是选择了“靠”别人，那是要付出代价的，可能尊严的代价有些人根本不在乎，那命运呢？你的命运永远会掌握在别人的手中，永远被别人牵着鼻子走。

比尔·盖茨这样说过：“依赖的习惯，是阻止人们走向成功的一个个绊脚石，要想成就大事，你必须把它们一个个踢开。只有靠自己取得的成功，才是真正的成功。”这是一位成功者的肺腑之言。依赖着实要不得，它是一种习惯和逃避，是一种安慰和懦弱，可以消磨一个人的进取之心和直面困难的勇气，依赖愈久，危害便愈大。这就好比一个吸食毒品的人，一旦上瘾，很可能将会毁掉自己，并很难再重新站立起来。

很多人都经历过这样的痛苦，跟别人一比，我们真是“一无所有”。我们想要的一切都必须得自己挣，我们的父母没有权、没有钱，给不了我们更多的物质上的东西，也没有一个可以靠的亲戚让我们借力。

一句俗语众人皆知，那就是“在家靠父母，在外靠朋友”。不错，人生在世，总要或多或少地依靠外界的各种帮助，不但是物质上的，更是精神上的，如师长的教诲，朋友的关爱和社会的鼓励等，这些都可以让我们在人生道路上走得更加顺利。可是，这些外界的帮助只是辅助性的，也只是暂时性的，只有我们自己才是永远靠得住的，也只有靠自己我们心里才能踏实。

有一对夫妻一直没有孩子，年纪很大了才生了一个儿子。老夫妻对儿子十分宠爱，他说什么就是什么，结果导致他很小就养成了懒惰依赖的习惯。有一天，老夫妻有重要的事情要办，不得不出门一趟，最快也得一个星期才能回来。

他们实在放心不下儿子，他一个人在家吃什么呢？老夫妻想来想去，想到了一个好主意，他们做了一张很大的面饼，挂在儿子的脖子上，临行前再三嘱咐儿子说："你饿了的话就咬一口面饼。"儿子连连答应。

一个星期后，老夫妻急匆匆地赶回来，却发现儿子竟饿死了，而饼还有半个没吃完。原来儿子只吃了脖子下面的一部分面饼，因为他太习惯依靠了，所以不肯或者不会用自己的手去转一下面饼，最后看着近在嘴边的面饼而活活的饿死了。

记得当时听完这个故事后，我们都会哄然大笑，觉得这个小孩实在是太笨了，哪有这么笨的小孩呢？这个故事肯定是假的。故事只是想告诉我们不要养成懒惰、依赖别人的坏习惯罢了。然而，进入社会之后，越来越发现这个故事的现实意义了。不错，生活中的确有"背靠大树好乘凉"的现象，可也别忘了还有"靠山山倒、靠人人跑"的事实。无数的事实告诉我们，与其把自己生活的主动权放在别人手里，不如自己努力，管好自己的事，培养自己独立自主的能力，做到独挡一面，那样，无论怎样风吹雨打，你都将屹立不倒。

还是让我们牢记陶行知先生的那句话："淌自己的汗，吃自己的饭，自己的事情自己干，靠天靠地靠祖上，不算是好汉。"

9.交朋友要懂得取舍

不挟长,不挟贵,不挟兄弟而友。友也者,友其德也,不可以有挟也。

——孟子

万章问孟子:“怎么样交朋友?”

孟子说:“不倚仗自己年纪大,不仗恃自己地位高,不倚仗自己兄弟的富贵。交朋友时,是因为朋友的品德好才去交他,心中不要存在任何倚仗的念头。”

东汉末年,华歆和管宁原是两个好朋友。有一天,两朋友在一起锄地。忽然,管宁挖出了一块金子,他却视而不见。而华歆看见后,就急忙拾了起来,据为己有。

过了些时日,又一天,两朋友在一起席地而坐读书。管宁全神贯注地读着,两耳不闻窗外事。而华歆心不在焉,左顾右盼,抓耳挠腮。刚好此时,有一官吏乘着华丽的马车从门前经过,管宁不为所动,仍在读书,华歆却随手扔下书本,前去看热闹。

等到华歆看完热闹回来的时候,发现本来一张好好的席子被从中割断了,管宁对华歆说:“你不是我的朋友,我们还是分开坐吧。”

这就是“割席而坐”的来历。通过这两件事,管宁看出华歆与自己的品格完全不同,于是,便割席而坐,毅然与之断交了。

管宁和华歆的故事,并不是高洁之人与庸俗之人的故事。他们俩的故

事，只是人生趣味的不同，这里面不涉及大道理，更不能上升到人品的优劣。做不成朋友也没什么可惜的。只不过，如果两个志向不同，趣味不同的人还是在一起，那么不论彼此做出什么决定，难免会受到对方的干扰，想坚持自己的信仰就很难了。所以说，结交朋友要懂得取舍。

交朋友是很复杂的，了解一个人并不是一件简单的事。但只要我们注意观察，就可以通过一个人的喜好了解他的素质、修养和品德。每个人都有一种了解别人的愿望。因为只有了解别人之后，你才能在交友时有所选择。

物以类聚，人以群分。只有性情相近、意气相投的人，才能走到一块儿成为朋友。

如果他的朋友都是一些不三不四、不伦不类的人，他的素质也不会太高；如果他结交的都是些没有道德修养的人，他自己的修养也不会太好。有的人交朋友以性格、脾气取人，认为能说到一块儿就是朋友；有的人则以追求取人，有相同的追求就能成为朋友；有的人则因为爱好相同而走到一起。但无论如何，只有两个修养相当、品质差不多的人才能成为永久性的朋友。所以，了解一个人的朋友也就了解了这个人。

想了解一个人，还可以观察他是怎样对待别人的。人在得意时，特别爱诉说他与别人在一起交往的情景，他说的时候是无意的，不会想到他与被提及的人有什么关系，所以一般比较真实。如果对方当着你的面说自己如何占了别人的便宜，如何欺骗了对方等等，那你以后就得对他防着点儿，有可能他也会这么对待你。

还有一种人好像很会处世似的。他们往往是当面一套，背后一套。当着你的面说你如何如何好，别人如何如何不好。聪明的人就得注意这种人了，因为他在背后说人坏，就有可能在他人背后说你坏。

而有一种人可能当面批评你，指出你的缺点来，却又在你面前夸奖别人的优点，你也许不愿接受他这种直率，但这种人却是非常可信赖的人。

另外，看一个人如何对待妻子、儿女、父母，就可以分析出这人是否有

责任感,是否自私。

你可以通过他是否按时回家,有急事时是否想着通知家人,说起家人时感觉是否很亲切等等,从这些细节可以看出他对家人的态度。一个不把家人放在心上的人是不会把朋友放在心上的。这种人往往心里只装着自己,只关心自己的得失安危,根本就不会想到朋友。所以要注意尽量不要与那些没有家庭观念的人结交。

人与人的主张和追求不同,是不会在一起合作的,更不会成为朋友。人生得一知己足矣,知己就是志同道合者。只有用共同的事业,把彼此结合在一起,那才会长久,才会牢靠。否则,即使成为朋友,也难以保持。因此,交朋友一定要交心。

西汉文学家杨雄说:“朋而不心,面朋也;友而不心,面友也。”貌合神离的朋友是不宜交的。

孟子说:“友也者,友其德也。”交朋友,从某种意义上来说,就是交品德。

孔子说:“益者之友,损者之友,友直,友谅,友多闻,益矣。友便僻,友善柔,友便佞,损矣。”

朋友的品质如何,对一个人的影响是极其巨大的。结交一个好朋友,会终生受益;结交一个坏朋友,不仅贻害无穷,而且很有可能造成无法弥补的损失。因此,一定要结交品德高尚的朋友,于己于社会都是有利无害的。

10.因为舍弃，所以拥有

人有不为也，而后可以有为。

——孟子

人只有对某些事舍弃不干，才可以有所作为，要想有所为，就必须有所不为。有不为而后可以有为，现在的不为正是为之后的可有为，每个时期都会有要为和不可为的事情，最重要的是分清轻重缓急。这个过程中难免会失去一些东西，但得到的会更多。

所以说舍，是一种高妙的境界，按照有舍才有得的原则行事，你想要从对方那里得到点什么，就要先给他点什么。这就像种庄稼一样，要想从地里面收获粮食，你就需要给土地施肥。

明朝时，严讷官居吏部尚书、武英殿大学士。某年，严讷想在城中建造新府邸，地基已规划好了，只是有座酒坊立在中间。工程监管人几次去与那作坊主商量，可作坊主觉得这是祖上传下的家产，死活不卖。工程监管人无奈，气愤地来告诉严讷，请他采取硬性措施。严讷听后，淡然一笑，说："何必如此！你们先去造那三面的房子，到时候自会有办法。"

开工后，严讷命人将工程中每天必需的酒，全部从作坊购买，而且预先订购、交款。那夫妇俩因此生意越做越大，请了不少帮工，添置了不少生产工具，觉得那作坊越来越小，不合使用了。又感激严讷扶助之恩，十分后悔当初与严讷的抵触。想来想去，便把房契给了严讷。严讷在附近购买了一套稍大点的房子送他，自己的府邸也就按原计划建好了。

正因为严讷先“舍”给对方好处、甜头，让自己最终自动拥有了“得”的东西。

有一家大型电器公司，其产品质量上乘，在国内外享有盛誉，急需扩大生产规模，但公司当时拿不出那么多的资金搞扩建项目，比较可行的办法是兼并其他的小企业，改造利用小企业原有的设备。如何兼并其他小企业呢？如果小企业主一点儿好处都得不到，怎么会俯首称臣呢？电器公司通过与其他小企业主进行了谈判，并允诺给小企业主三大好处：一是抽一部分技术人员对小企业职工进行培训；二是拿出一部分资金对小企业原有设备进行改造；三是在产品质量合格的前提下，小企业可以使用公司的品牌。结果轻而易举地吞并了这些小企业，使这家大电器公司少花了70%的资金，扩大了规模，增加了利润。

“因为舍弃所以拥有”的成功运用例子还有很多，最著名的是洛克菲勒家族的故事。

当第二次世界大战的硝烟刚刚散尽时，以美英法为首的战胜国几经磋商后，决定在美国纽约成立一个协调处理世界事务的联合国。一切准备就绪之后，大家蓦然发现，这个全球至高无上、最有权威的世界性组织竟找不到自己的立足之地。

买一块地皮吧，刚刚成立的联合国机构还身无分文。让世界各国筹资吧，牌子刚刚挂起，就要向世界各国搞经济摊派，负面影响太大，况且刚刚经历了战争的浩劫，各国都财库空虚，许多国家财政赤字甚至居高不下。在寸金寸土的纽约筹资买下一块地皮，并不是一件容易的事情。

听到这一消息后，美国著名的财团洛克菲勒家族经商议，果断立即出

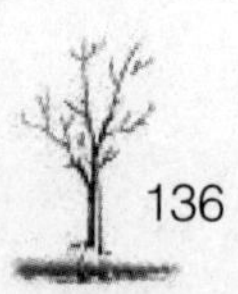

资870万美元,在纽约买下了一块地皮,将这块地皮无条件地赠送给了这个刚刚挂牌的国际性组织——联合国。

同时,洛克菲勒家族亦将毗连这块地皮的大面积地皮全部买下。

对洛克菲勒家族的这一出人意料之举，许多美国大财团都吃惊不已——870万美元，对于战后经济萎靡的美国和全世界都是一笔不小的数目呀,而洛克菲勒家族却将它拱手相赠,并且什么条件也没有。

这条消息传出后,美国许多财团主和地产商都纷纷嘲笑说:“这简直是蠢人之举。”并纷纷断言:“这样经营不要十年,著名的洛克菲勒家族财团便会沦落为著名的洛克菲勒家族贫民集团。”

但出人意料的是,联合国大楼刚刚完工,毗邻它四周的地价便立刻飙升起来,地皮拍卖后,相当于捐赠款数十倍、近百倍的巨额财富源源不断地涌进了洛克菲勒家族。这种结局令那些曾经讥讽和嘲笑过洛克菲勒家族的商人们目瞪口呆。

不舍小利怎得大利？只有一定程度上的舍,才有最后的拥有。

第六课 跟孙子学国学中的管理之道

人物简介：

《孙子兵法》被公认为是世界上最早、最完整、最具权威的“第一兵书”。孙子本人被西方称为“军事战略家”和“军事哲学家”。《孙子兵法》对世界的影响，已经远远超出了军事的范围。

孙武，字长卿，齐国人。孙武祖上原姓陈。为逃避内部纷争，陈厉公的儿子陈完避祸齐国，得到齐桓公重用。经过四世，至陈无宇时已官至上大夫。陈无宇次子陈书因功被齐景公封于乐安（今山东北部惠民、博兴、广饶一带），赐姓孙，从此与陈姓分离。之后，其子孙凭又升为卿。孙武就出生在这个贵族家庭里。

《孙子兵法》包含的思想十分丰富，就对后世的影响来说，有三个方面的思想最为显著：

首先，对于军事地位的认识。

孙武明确提出：“夫用兵之法，全国为上，破国次之；全

军为上，破军次之；全旅为上，破旅次之；全卒为上，破卒次之；全伍为上，破伍次之。”他认为：“不战而屈人之兵，善之善者也。故上兵伐谋，其次伐交，其次伐兵，其下攻城。”作为一个杰出的军事家，能将军事的作用放到这样的位置来认识，足见孙武的深远谋略和卓越见识。

其次，对军事要素的认识。

孙武十分重视军事的作用，提出“兵者，国之大事，死生之地，存亡之道，不可不察也。”在此前提下，他详细说明了军事行动要考虑的五个基本要素：道、天、地、将、法。在他看来，这五种因素相互作用、相互影响，都是取得胜利不可忽视的东西。

最后，关于军事技巧的理解。

孙武先后提出了“知己知彼，百战不殆”、“利而诱之，乱而取之，实而备之，强而避之，怒而挠之，卑而骄之，佚而劳之，亲而离之，攻其无备，出其不意”，“凡战者，以正合，以奇胜”等“诡道”，作为取得胜利的手段。

关于孙武的晚年，我们找不到确切的史料记载。最为确切的记载，是公元前503年，这一年，他42岁。据说这一年他以探亲为由，离开吴国，此后隐居山林，再也没有消息。《史记》中只有一句“孙武既死，后百余岁有孙膑”的模糊说法。而种种传说就内容各异了。有人说他回到了齐国，安享天伦之乐。有人说他飘然世外，著书立说，75岁去世。此等说法，不一而足。

这位充满神秘色彩的思想家和军事家，以这种神秘的方式消失在人们的视野中，却以一部充满神奇色彩的兵书，让后人高山仰止、赞叹不已。

1.带着目标出去，带着结果回来

知彼知己，百战不殆。

——孙子

孙子提出了著名的军事原则——知彼知己，百战不殆。充分掌握敌我双方的一切情况，这是制订一切战争大计的根本出发点和克敌制胜的法宝。

中国古代兵家对这一原则倍加推崇，视之为指导战争的金科玉律。不少国外军事著作也把它列为作战的指导原则，可见孙子的这一主张具有划时代的价值。那么，面临当今比以往复杂得多的企业竞争环境，一个成功的企业家，如何做到“知彼知己，百战不殆”呢？

作为一个成熟的创业家，至少要做到需要“知己”，也就是，要了解其职业特征和工作使命必将是——“带着目标出去，带着结果回来。”那么，有战略思维能力的企业家，可以用三个方法来验证自己的结果是否珍贵：没有目标的事不做，没有计划的事不做，没有效益的事不做。

下面的九个关联企业家战略思维的盲区，值得企业领导和企业有志之人关注和规避。

盲区之一：用经营思维替代战略思维

所有的企业家不管处于任何进程阶段，他时刻要思考的思维点一定会围绕四个要素：(1)钱从哪里来？(资本的流向质量和速度)；(2)货到哪里去？(市场的走势)；(3)人才怎么用？(人力资源的合理配置)；(4)利益怎么分？(成果分享的价值)

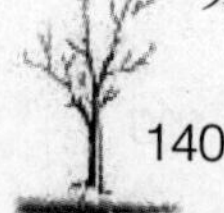

纵观各业界的竞争,从产业始发期的先入为主到乱"市"出英雄,直至产业优化后的各行其道、一统天下,企业家能随势而上的关键要素不仅在业务能力,而是在业界内外资源和能力整合的战略手段。松下幸之助说过:"当我的企业只有10个人时,我最能干;当我的企业有100人时,我和他们一起干;而当我的企业有1000人时,我只能站在后面感谢他们,同时,信任来自责任,我会更加负责地看好松下的未来。"

目标决定作为,沉迷于企业经营的企业家往往只能在业务层面奋战,在产业变革和企业创新时,缺乏战略思维的企业家会处处被动,陷入迷茫和恐惧。

曾有一位草根创业者,从几万元的企业创始资金到目前资产达3个亿,是个经营高手,但由于公司的体制一直无法确定产权归属,目前高层积极性每况愈下,这位经营型老总不得不停止经营扩张步伐,重新进行重大的体制革新与产权评估,企业人心动荡,二十年的努力一夜之间陷入迷茫。

所以说,战略思维意识和能力是企业家职业生涯中重要的核心质素,以为搞好经营等于成功,是一个令人担忧的误区。

盲点之二:关注市场重于关注管理

过去二十多年的政策经济转型时期,抓商机找市场是企业家立足商界的本能特质,现在让大多数企业家谈市场、谈营销、谈关系一定如数家珍,头头是道,甚至每一段打市场的创业历程都是一部动人曲折、充满哲理的故事。

但几乎找不到几位老板能自信地认为,这些年创下的巨大规模的企业,最大的成功是因为他们重视管理。相反,只要提管理,他们就会回避、头痛,甚至痛诉,或指责自己的经理人不行。

创业的初期是打市场,创业的中期是管理企业,创业的后期是管理企业文化。当企业解决了市场生存能力后,不回头重新疏理自己企业的管理内控流程,这个企业的运作必将因内部失衡走向崩盘。

盲点之三：企业家缺乏对自身创业经历的有效总结

一个企业家在企业发展到中期后，一切决策习惯大多是由良好的习惯养成的，而这些良好习惯又都是由创业初期锤炼而成的。

企业家不可得意忘形，失意变形，更不可全面否定自己。低头需要勇气，抬头需要底气，奋斗中的企业家有必要对自己的行业历程做一个理性盘点，把以往成败得失总结出来，有利于企业家发展的创新。世界上任何的果子在成熟之前都是苦涩的。创业是艰苦的，回忆是甜美的，向往是动人的。

盲点之四：忽视人才和知识的管理

《天下无贼》中的贼头黎叔名言："你知道21世纪最贵的是什么吗？——人才！"人才可以跳槽，而老板干不好只能跳楼。企业没有人才就谈不上有未来。大多中小型企业均是精明老板带一群常被他称为像驴的下属，强将手下是弱兵，这种"马驴文化"特质的企业很难走远，因为老板缺乏选才标准，没有留人方法更不会有人才规划意识。优秀的企业家会让庸才变人才，劣等企业家会让人才变庸才，为什么？机制比人才重要！

有一位商人认为，大多数人才有依赖感难有归属感。于是，他要求管理人员必须每天有工作日记，"没有记录便没有发生"，上司必须查看下属工作日记，经理辞职必须把工作日记留下，下位新经理必须详读上任经理的业务历程。"这叫人才可以走，把知识留下，老板不会为离去的人忧伤，只会为留下来的人祝福！"

方法比知识重要，企业可以管住固定资产，但是管住人才的知识和思想就没那么简单。

盲点之五：无法从战略问题向战略思维升级

曾经有家航运公司的船长在海上指导船员维护保养机舱设备时，有一个关键螺丝少拧三圈，造成了机器渗油机舱爆裂，经抢修直接损失达300万元。

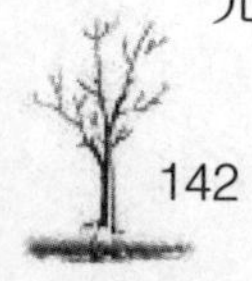

失败在于细节,成功在于系统。中国人长期习惯表扬救火的英雄,却忽视防火的人员。战略问题大多是企业走不动了、走错了、或是遇到重大危机了才反省的思维方式,在检讨中成长很痛苦。战略思维是个系统论的掌握能力,企业家必须对企业走势布局的各种变化作出预测,制订最好的计划,付出最大的努力,做最坏的打算,凡事预则立,不预则废。

盲点之六:不能从个人智慧向团队智慧决策转化

"我们公司的决策成本很低,也很原始简单。"一位大公司经理说:"企业决策规律是老板拍脑袋、高层拍胸膛、经理拍屁股(走人)。"这种"三拍决策"在早期单纯市场经济环境下可以一夜暴富,但,在目前知识经济时代,这样干非一夜破产不可。企业的责任一定会从企业家个人能力精力扛不动,转向高层一起共担风险,最终共享成果。

世界上没有完美的个人,只有完美的团队。比尔·盖茨说:"我们微软是打群架的。"看一个企业的未来先看他现在的团队。提示企业家:在企业上规模后个人决策将被团队代替,千斤重担人人挑,人人头上有指标,这样的企业才不会放走一个人才,同时也不会留下一个庸才。

盲点之七:缺少为实现战略目标而配置的企业文化

从农业社会走过来的中国经济社会, 始终尚未完成工业化的演变进程,所以企业文化在工业化产业进程中对企业的功能价值到底有多大?影响有多深?何时会产生作用?

企业文化不是企业文字,随便写上"团结、务实、奉献"这些词就代表企业文化了。二十年的"海尔,真诚到永远"实则是一种企业承诺文化,企业的一切行为,从骨子里必须由这种话去用行动实现自己的诺言。市场残酷人有情,企业竞争最终是文化竞争,同产品比品质,同品质比品牌,同品牌比文化。梦想未圆的企业家有必要把企业文化作为重要的战略内容去思考。带一个人走只用一个许愿,带一群人走要靠利益,带一个强大的事业团队出发,没有坚定的思路感召和文化模式终将难于前行的。

盲点之八：只注重战略而忽视策略

战略和战术在企业家的运筹当中，已经是有很强的思维结构定式，随着西方管理学的深入影响，定方向、会行动是企业职业进化中的一个关键性成熟标记。但战略选择后的执行力需要决策分解战略意图，形成执行方法，这个过程是策略选择过程。企业家对盲目执行的奴才型高层很厌恶，而对不读懂老板意图就乱执行的下属则很恐怖和担忧。

企业家战略决策是以投资为核心思维重心的一种艺术，因为企业是以赢利为导向的，而策略则是选择最佳方法去实现战略目标的，要讲究的是技术。当企业高管还没有做到可以让企业家高枕无忧时，企业家对策略的关注是一个理智的工作重心。

盲点之九：对企业声誉规划缺少系统的长远谋略

做人有流芳千古，也有遗臭万年。企业家对自己个人的声誉和企业诚信都应有一个正面自我塑造的意识和规划能力。市场经济社会的商界竞争中，名望和声誉是一笔最昂贵的无形资产。

企业家多靠实体创业打拼出来的企业王国，最终如何让员工和社会认同，对自己的声誉进行规划打造和有效传播是个人职业生涯及企业战略目标实现的一项重要课题。

有一学生向台湾首富王永庆请教："您能告诉我，从您的一生成功路程，到底是勤奋重要还是运气重要？"王永庆答："我负责地告诉你，年轻人，我用一生的勤奋就是为了证明我的运气比别人好！"

知识年代的竞争是学习力的竞争，谁停止了学习就失去了未来，学习的态度决定进步的速度。战略思维是企业家重要的能力和素质，今天你不思考未来，未来你将生活在过去。目标决定作为，心胸决定远见，有作为才有地位，而没有对过程的关注，是很难有美好的结果的。

2.见好就收，才可以做大

“功成，名遂，身退。”

——《易经》

孙子成名后不久就对诸侯之间的攻伐战争失去兴趣，他见吴王日渐骄横，听不进忠言，就急流勇退，再也没有出山，而他所著的《孙子兵法》十三篇却成为中国文化的瑰宝。

《易经》上讲：“功成，名遂，身退”，大凡有智之士，必然不会死缠烂打，做事到一定程度就行了，他会退。所以，人生不要空谈事业，只要尽兴就好。因为，事业你永远做不完，永远做不到“够大”，切勿贪心，方可进取。凡事有度，才可以长久。

孙子辅佐吴王征战，已有破楚之功，称霸南方，君臣二人如日中天。但孙子知道自己只是一个军事家，不是政治家，他的才能极限就是组建一支强大的军队，打败一个强大的国家，这些他已做到了。但他深知自己无法连结天下，更知道自己无法统一天下，因为他不是做帝王的料。那么，他该做的事都做完了，并且都做好了，已做到极限，就应该见好就收。孙子说走就走，把美好印象留给吴王，何必等君臣之间有矛盾了再走？

当断则断，才是好汉。我们在陷得越深时就要走得越快，否则就要深受其害。

《孙子兵法》精髓就在于“有度”，见好就收，才可以做大。近二十多年来，以阶层式崛起的中国企业家群体，因被主流经济文化逐渐认同为“经济脊梁”，成为了财富、事业、名誉的象征，也理所当然地被人们认为是活得最幸福的人。直到近几年,越来越多的企业家自杀身亡,人们才觉察到他们也有非常脆弱的一面。中国企业家因不堪心理重负而自杀的现象,近年来日趋严重。世界经理人网站统计,近年来有21位浙商企业家自杀。来自北京心理危机研究与干预中心的数据表明,最近20年我国至少已有1200多名企业家因种种心理障碍走向了自杀之路。

"浙江省十佳青年企业家"、浙江一新制药股份有限公司董事长郑亚津,在办公室自缢;温州泵阀厂老板朱吉光因不堪承受"非法担保"带来的还款压力,服毒自尽。再往前追溯,曾经叱咤中国资本市场的涌金系掌门人魏东在北京家中高楼一跃而下;华县知名企业家——陕西华乾工贸有限公司董事长段民乾自杀身亡……

从郑亚津、朱吉光的这些自杀案例来看,起因都是企业发展遇到了困境。而困境可能是今年大多数企业都在面临的——能源、电力与原材料价格飙升压缩了盈利空间;银行信贷的大门几乎向大部分民营企业关闭;民营企业向民间借贷市场融资,融资利率越来越高;股市暴跌,公司和个人投资者都损失惨重……

竞争的激烈和残酷让许多企业家心理负担过重。广东省年仅29岁的面粉厂老板冯永明,在企业经营过程中压力过大患上重度抑郁症,其遗书中留下了这样一段话:"现实太残酷,竞争和追逐永远没有尽头,我将在另一个世界寻找我的安宁与幸福。"

心理专家表示,面对"社会精英"的角色期望,面对市场残酷的竞争机制,许多企业家往往"载不动,太多愁",精神的弦总是处于紧绷的状态,内心不堪重负。由于受传统观念的影响,企业家往往对看心理医生有着根深蒂固的误解,觉得这是很不光彩的事。加之企业家群体处于社会上层,领导着成百上千的员工,需要维护自己的权威形象,因此更加不愿就诊。而这就留下了一个很大的隐患:负情绪一天天累积,直到有一天爆发酿成恶果。

综观这些企业家不堪心理重负而自杀的现象,“压力过大”是普遍原因,压力过大就会导致连锁反应。比如魏东在遗书中,就说到自己受到失眠、抑郁、强迫症的长期困扰,不愿再拖累家人。几乎每一位企业家都说到自己“压力过大”,觉得自己肩上“担子过重”、“社会责任太重”,有几千名员工要自己养活,所以总是感到“力不从心”,不少企业家说自己每天工作时间都超过12小时。基本形成一个共识:一个人一旦选择了办企业,就意味着他的一生从此将与压力、竞争、劳累和焦虑结伴而行。

除了深感工作繁忙,心理压力过重,身心疲惫外;还有相当部分企业家劣性情绪增加;许多企业家有强烈的“亲情减少引起的心理失衡”感受;许多企业家觉得朋友减少,内心孤独感加重;不少中年企业家缺乏安全感,心理承受能力下降;很多中年企业家对工作产生厌烦感,甚至想干脆“退出社会”。

心理学家认为剖析企业家的压力主要来自这几方面:社会、经济体制的剧烈变革、激烈的市场竞争、人际关系的困惑、家庭的变故和不幸、传统偏见及贫富差距的不断扩大。

给重压之下的企业家一个建议:别把自己看得太重要,你办企业赚了钱,结果钱却没能改善自己的生活,没能让你变得更快乐,反而活得更辛苦,那你办企业又有何意义?

人就像一根弹簧,当拉力过大时,弹簧就无法再缩回去。如果自己所承担的责任过大,就会超出自我调节限度,心理的失衡会由此产生。

在许多人看来,企业家总是强大而光鲜的。这种认同感无形中成为企业家的压力。如果企业的成功要以企业家透支精力和牺牲个人幸福为代价,那么这种成功是可怕的,也是脆弱的。难以想象一个身心疲惫、生活失衡、终日困于重重压力下的企业家能够真正经营好一家具有价值的企业。企业发展的高度与人格发展应该是一致的,人格的缺陷最终也会反映到企业经营上来。所以要办好企业,首先就要把自身的心理调节好。人生如沼泽,难免不陷进去。但只要你抽身得快,可保无忧。

3.“惑”与“疑”是做事的大忌

“三军既惑且疑，则诸侯之难至矣。”

——孙子

孙子指出，“惑”与“疑”是做事的大忌，尤其人多的时候，不可以在人群中有迷惑与怀疑的事情发生，必须有铁的纪律、钢的意志与金的精神。

影响将帅决断的最大因素无疑来自国君或上级。南宋名将岳飞在中原与金兵展开决战时，连克重镇，形成了夺回东京汴梁的有利形势，但秦桧却主张以淮河为界与金兵议和，一日连下十二道金牌令岳飞撤兵。岳飞不得不挥泪回师。后岳飞被以“莫须有”的罪名杀于风波亭，一代名将就此凋零。放眼历史，“飞鸟尽，良弓藏；狡兔死，走狗烹”的悲剧不断上演，从春秋时的伍子胥、南宋的岳飞到明代的袁崇焕，多少军事天才未被敌人击败，却因上级猜疑而丧命。

绝大部分员工都受不了领导的怀疑，尤其是自尊心很强的员工，对他们来说，怀疑就是虐待。人是有感情的动物，一切行动都受着感情的支配。很多企业的领导也懂得这个道理，在激励员工时，非常重视感情的作用，对员工体贴入微，晓之以理、动之以情，使大家对企业领导产生特殊的感情，对他们的事业也就会全力去支持。也就是说，假如企业领导能够做到对员工处处信任、给他们一定的权力，放手让他们工作，这样企业就容易形成合力，创造出理想的业绩。

信任是为人处世所必需的，相互信任更是一种境界。

保罗·盖蒂与他的员工就是相互信任，事实上，在他创业初期就发生过

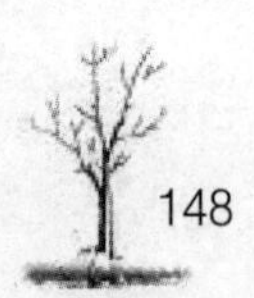

许多与员工互相信任，并且最终产生了许多极好效果的事情。

曾经在森林里有一块地，而且那块地的所有者愿意出租。但很多石油公司嫌这块地面积太小，而且道路不易铺设而放弃了。保罗·盖蒂和他的员工也到现场考察了这块地，他们发现这里是可以采出石油的。但保罗·盖蒂经过仔细分析和研究，认为这块地也没有多大前途，因为这块土地有几项劣势：第一，面积太小，甚至比一间房子还小；第二，交通不方便，唯一通到这块地的只有一条小路，还只有4英尺宽，卡车没有办法开进去；第三，由于这块地太小，不适合用一般的开采办法进行开采。

经过仔细分析，开始保罗·盖蒂准备放弃租用此地，员工们也都没什么反对意见。不过保罗·盖蒂仔细想想，还是决定让员工们一起讨论一下，各抒己见，看看是否有办法克服这块地的劣势。员工们见领导如此信任大家，很受感动和激发，所以他们毫无拘束地议论起来，你一言我一语，不少好主意就接二连三地出来了。

"我想我们可以使用小一号的工具挖掘。"一位员工认真考虑后突然说。

这位员工的一句话，给保罗·盖蒂带来了一点启示，他一直认为交通是这块狭小油田得到开发的死结，如果可以使用小一号工具挖井，那么为什么不可以考虑使用小一号的铁路作为通向油田的交通工具呢。于是，他顺着那位提建议的员工的话接着说："如果我们能找到人设计和制造出小一号的工具，那么我们公司就可以着手在这块地开采石油。但是，一个新的问题又出现了，如开采出了石油，怎么使用小一号交通工具把那里的石油运出来？刚才那位员工的主意实在太好了，希望有更多的人能够大胆地发挥自己的智慧！"

员工们见保罗·盖蒂如此一讲，受到很大鼓舞，他们都在开动脑筋想办法。由于大家都是长期与油田打交道的工作人员，在工作过程中，既深深地体验了挖井采油的方法和难处，又练就了各种克难制胜的本领，每个人都有不少经验和体会。因此，所有人都畅所欲言，把自己的看法讲出来，人多力量大在这个时候得到了充分的诠释，员工你一言我一语，由小一号挖井工具谈到小一号铁路和火车问题，进而又谈及找谁设计和制造这些工具以及交通工具的具体方案，在谈话过程中，不断地谈出了新的问题，都得到了很好的解决方案。

在保罗·盖蒂的一番激励和鼓动下，经过大家的讨论，员工们为开发森林里那块含油丰富的小油田找到了一个比较合理的方案。保罗·盖蒂决定用小型铁路和小型器材进入那块油田。后来，在所有员工的共同努力下，盖蒂石油公司终于在那块地上挖出了第一口井，并且后来接二连三地挖出好几口井，最令人欣慰的是，每口井都产出大量原油，每天共产油17000多桶。在短短几年间，这块油田就为保罗·盖蒂带来了数百万美元的利润。

盖蒂石油公司在这块油田开发的成功很大程度上归功于保罗·盖蒂的用人招数——大胆地让员工放开表达自己的想法，传递自己的智慧。治众是保罗·盖蒂获取成功的关键，是他的一笔宝贵的财富，是企业造势的根本。

企业领导必须学会相信员工，调动他们的积极性和主动性，这样才能实现更多的产出。他还认识到，只有当领导要实现的目标与员工的意愿相符合时，才更可能有效地调动员工的积极性和主动性。为此，他还专门采取了许多办法来激励企业员工，如给予不低于同行业的工薪和福利待遇、尊重和信任员工、对有贡献或者提出好主意的员工，视其贡献大小给予一定奖励等，从而使企业“百将一心，三军同力”，促进企业得到了很大的发展。

盖蒂石油公司的成功告诉我们，作为企业的领导，不要怀疑员工，放手让他们去想、去做、去发挥他们的智慧，对他们来说，怀疑就是虐待。

4.危机中求生路,先把心沉淀下来

"军争之难者,以迂为直,以患为利。"

——孙子

"迂"就是迂回,"以迂为直"就是用迂回的方法走最短路线。而"以患为利"就是以灾难为优势,以困境为出路。

遭遇猝不及防的危机,我们的心就会不由自主的最先狂跳,以致情绪失控,无法正常思考,但是我们知道"惊慌"对解决问题毫无意义,只会加快危机恶化的速度。要想在危机中求生路,必须先把心沉淀下来,培养积极阳光的心态,保持不慌不忙、镇定自若、安之若素、稳如泰山的良好精神状态。

在印度一家豪华的餐厅里,突然钻进一条毒蛇。当这条毒蛇从餐桌下游走到一位女士的脚背上时,这位女士没有惊慌地尖叫,而是一动不动地等那条蛇爬了过去。然后,她叫身边的侍童端来一盆牛奶放到了开着玻璃门的阳台上。

一位一起用餐的男士见此情景大吃一惊。他知道,在印度把牛奶放在阳台上,只能是引诱一条毒蛇。他意识到餐厅中有蛇,便抬眼向房顶和四周搜寻,没有发现,于是他断定蛇肯定在桌子下面。为了避免有人发现毒蛇而产生慌乱,他沉着冷静地对大家说:"我和大家打个赌,考一考大家的自制力。我数300下,这期间你们如能做到一动不动,我将输给你们50比索。如果谁动了,谁就输给我50比索。"

于是,大家都一动不动了,当他数到280个数时,一条眼镜蛇向阳台那盆牛奶游去。他大喊一声扑上去,迅速把蛇关在玻璃门外。客人们见此情景都惊呼起来,而后纷纷夸赞这位男士的冷静与智慧。如果不是这一招,此间肯定有不少人的脚要乱动,只要碰撞到眼镜蛇,后果便可想而知了。

男士笑着指指那位女士说:"她才是最沉着机智的人。"

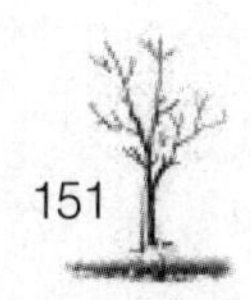

突遭危机是考察一个人定力的时候，如果你自己先乱了阵脚，行为失措，那你就失去了能力去应对。只有保持处乱不惊，头脑清醒冷静，你的智慧才会“活转”起来，帮你寻找到摆脱危机的办法。还有一个与上面类似的例子：

临近圣诞节的一个晚上，英国一家大型剧场里座无虚席。台上的一个大笼子里，一位驯兽师正和几只孟加拉虎一起表演马戏。

正在大家为一个精彩的动作喝彩的时候，突然停电了，四周一片漆黑。如果老虎兽性发作，驯兽师就惨了。所有的观众惊恐得屏住了呼吸。一分钟后，供电恢复正常，观众们看到驯兽师好像根本不知道停电，依然和孟加拉虎保持着表演的状态！

瞬间的惊讶，剧场里响起了雷鸣般的掌声。表演结束后，有人问驯兽师：“停电的时候，你不害怕老虎兽性发作，将你吃掉吗？”

驯兽师说：“害怕，灯光熄灭的一刹那，我的大脑一片空白，不过，顶多就两秒钟，我就镇定下来，因为我知道，灯光的熄灭虽然让我看不到老虎了，但是对老虎却没有什么影响，它并不知道发生了变故。于是，我强迫自己镇定下来，就当什么事情也没发生，跟往常一样，按照正常的步骤不停地挥舞着鞭子，向老虎们发号施令，只要它看不出破绽，我就得救了。”

生活中，任何人都难免会突然遭遇一些危急事件，这时候，人们最直接的反应就是紧张、害怕、不安和焦虑，若是不能很好地把握自己的心态，不能去控制这些负面情绪，慌作一团，只会使自己无法正常思考，也就无法找到应对危机的良策，甚至还会衍生出更多不必要的麻烦来。

据心理学家分析，人在遭受挫折打击的时候，常见心理包括震惊、恐惧、羞耻、绝望等。这些都是极不利的心理因素，如果陷于心理挫伤的泥坑里不能自拔，那就会在失败中越陷越深，以致走向毁灭。所以要警惕这些失败心理的影响。当危机来临的时候，一定要镇静，不要慌张，只有保持好积极的心态才能更好地解决问题。

5.把纪律变成习惯，才能具备持久的战斗力

“约束不明，错在主将。三令五申依然不能执行命令，则错在士官。”

——孙子

吴王阖闾即位后，迫切需要一位杰出的军事将领。伍子胥极力引荐孙武。阖闾将孙武请到宫中，向他请教。孙武就呈上了自己的著作。阖闾十分欣赏，但对在实践中能否有用还有些怀疑。为了试验兵法的效果，阖闾组织了一支由180名妃嫔和宫女组成的队伍，交给孙武训练。

孙武将宫女分成两队，分别由阖闾的两个爱姬任队长。在公布了军法之后，孙武就命令宫女根据号令操练。但号令过后，宫女们个个笑得东倒西歪，没有一个执行命令的。

孙武说：“约束不明，军令不熟，错在主将！”于是又将军令法规复述了一遍。再次下令操练，宫女们依旧没有按照命令行动。

孙武十分生气地说：“约束不明，错在主将。三令五申依然不能执行命令，则错在士官！”于是，他不顾阖闾求情，下令将两个队长斩首。然后，他又从两队中各选了一个队长，重新操练。这次宫女们再也不敢嬉笑，都随着号令，或进或退，迅速利落。阖闾看到孙武如此能干，也顾不得心疼自己那两个刚刚被杀的爱姬，立即筑坛设祭，拜孙武为将。孙武的带兵之道，也因为这次操练而声名远播。

作为公司的老板，公司的各种规定大都是老板与高级管理者共同制定出来的。如果这些规定只是给普通员工制定的，那么这无形中就是告诉员

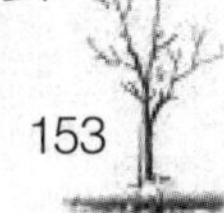

工：领导和员工是不一样的，在同样的错误面前，受到的“待遇”是截然不同的。这等于是把领导分为一派，把普通员工分为一派，这样就容易导致领导失去威信，不利于整个团队凝聚力的形成。如果你不希望公司出现这些不良后果，就要学会以身作则，为普通员工树立一个好的榜样。

在有着和谐氛围的公司里，领导从来不认为自己高人一等，他们和普通员工是平等的，当领导犯错了，员工敢于指出领导的错误。美国IBM公司董事长沃森身上发生过类似的事情。

有一次，沃森陪同一个国家的王储参观工厂，走到门口时，被两位警卫拦住了。“对不起，先生，您不能进去，进入IBM的厂区需要佩戴蓝色的胸牌，进入行政大楼的工作人员佩戴的是粉红色的胸牌。您佩戴的是粉红色的胸牌，因此不能进入厂区。”

沃森的助理彼特对警卫叫道：“这是IBM的董事长沃森，你们难道不认识吗？现在我们要陪重要的客人参观，请你让开。”警卫说：“我们当然知道这是沃森董事长，但公司规定必须佩戴蓝色的胸牌才能进入厂区，所以，我们必须按照规定办事。”

这件事给沃森很大的感触，他认识到自己作为领导，没有做好表率。因此他非但没有责怪警卫，还表扬他们，然后安排助理赶快更换了胸牌。

看看这些大公司的领导，他们对待公司的规定，从来都是一视同仁地遵守的。即便他们也违反过公司规定，但他们能及时认识到错误，并且会按照规定处罚自己，这种认错和守纪的意识，是值得我们学习的。

对于一个企业而言，如果没有制度和纪律，就必然会造成整个企业执行力的缺失，以及部门的内耗、操作系统的紊乱。所以，在一个企业里，敬业、服从、协作等精神永远都比任何东西重要。当然，这些品质不可能与生俱来，所以，对员工进行培训和灌输纪律意识显得尤为重要。就像军队不断要求每个人规范着装和仪表一样，最后是要让所有人都明白："纪律只有一种，这就是完善的纪律。"

当然，从学习规则、遵守纪律、树立纪律意识、刻意使自己的行为服从于纪律，到自觉把纪律变成自己的习惯，需要一个较长的过程，需要克服自身许多不完善之处。但只有把纪律变成习惯，才能形成持久的战斗力。每一个企业员工都要具有强烈的纪律意识，在不允许妥协的地方绝不妥协，在不需要借口的时候绝不找借口——比如质量问题、对工作的态度等方面。

6.一股绳胜一团麻，团队精神比什么都重要

“勇者不得独进，怯者不得独退，此用众之法也。”

——《孙子兵法·军争篇》

在一个团队中总有勇敢者与怯弱者，如果任勇敢者目无纪律一味争先，或让弱者想跑就跑，那么这个团队就容易散掉。只有约束了这两种极端行为，团队才能团结作战。

社会其实也是一个团队，我们中国人当然更是一个大的团队。如果我们自己的团队成员都不能互相帮助，我们的国家如何能有竞争力呢？有一句老话：帮人即帮己，也就是利人又利己。德国企业及社会非常重视一个人的“人品管理”——一个经常帮助别人的人更有团队精神，也更爱公司。

谈到团队精神的重要性，首先应该知道什么是团队精神。

团队精神是指团队整体的价值观、信念和奋斗意识，是为了实现团队的利益和目标，而由相互协作的个体所组成的团队表现出来的精神，是团队成员为了团队的利益与目标而相互协作、尽心尽力的意愿与作风。用通俗的话说，团队精神就是团队上下精诚团结、目标一致、协同共进，就如航行于大海的巨舰，有智慧舰长的正确指挥，有勇敢船员的协同配合，在这艘巨舰上每一个人都发挥着重要的作用，凝聚成劈波斩浪的巨大动力。一个成功的团队，只要具备这种精神，就能在激烈的竞争中长盛不衰。

团队精神对任何一个团队来讲都是不可缺少的精髓。否则就如同一盘散沙。“一根筷子容易弯，十根筷子折不断”，这就是团队精神力量的直观表现，也是我们之所以把团队精神置于和谐团队文化的第一塑造点的根本所在。

7.顺应时势,善于变化

"声不过五,五声之变,不可胜听也。"

——《孙子兵法·势篇》

意思是五声能变出千声万声,五行相生相克,杀招无穷,攻势亦无穷。孙子指出谋事要曲折,最忌一步到位。

《孙子兵法》揭示的"以迂为直"的做事之道与科学定律完全符合,它指出:我们做事越走曲线,就越快捷,越早达到目标。

以变应变,才有出路。顺应时势,善于变化,及时调整自己的行动方案,这是成大事者适应现实的一种方法。这就要求我们,有一颗各种情况都考虑周全的头脑,有一种灵活应变的手段,有一种"观风撒网"的策略。有一种"到什么山上唱什么歌"的技巧。

张林负责一种新型饮料产品的整体市场推广。最初,张林采取了模仿竞争对手的方式,选用明星担任形象代言人,以期通过形象代言人的知名度和影响力推动市场。

很快,张林发现这是一种糟糕的方式。因为广告片播出之后,消费者对此毫无感觉。很多人劝张林再等等:"也许广告的效果还没有体现出来。"可是,他知道等待只会造成更大的损失,甚至会因此而错过饮料市场的旺季。

于是,张林迅速组织人员重新设计广告,并将这次广告的重点放在产品的特征上,以区别于竞争对手的产品。同时,张林还设计了终端对比品尝活动。这样,广告与终端形成了良好的互动。

新的策略很快在市场中有了反应，消费者在品尝之后对张林所在公司的产品青睐有加，这使其信心大增，于是将终端的对比品尝活动在全国范围内展开。

当年，这种新产品的销售额就突破了1.2亿元。如果当时张林不能够迅速调整广告策略，结果可想而知。

现实之中，很多人往往不知道变通，不懂得见机行事，他们在问题暴露之后，表现得非常木讷、迟钝，最终错失了机会，陷入了困境。

上个月，许岩丢失了一家大客户，一提起这件事，他便不断叹气。在总结客户丢失的原因时，他说："谁知道他们会那么快就与芒果公司(竞争对手)达成合作协议啊！"

事实上，芒果公司的业务人员早就盯上了这家客户，芒果公司的总经理还曾专程拜访过这家客户的人力资源总监。这些信息许岩全都一清二楚，但是，许岩对自己与客户的关系始终非常自信："放心吧！他们是不会与芒果公司合作的。"

"假如我当时强化一下与客户的关系，适当地针对他们今年的需求作一些服务调整，就不会导致这样的后果了。"现在，许岩追悔莫及。

当你挣脱了习惯，转换了思路，就可以发现许许多多解决问题的好办法、好途径。

比如，在过去的千百年里，人们按季节种植蔬菜，依时令消费蔬菜，一切遵从大自然而行。北方人在冬天到来之前，用地窖储藏大量大白菜和土豆，冬天和春天绝大部分时间的主要菜肴就是白菜、土豆了。这是千家万户不成文的规矩，是人们千百年来的传统办法，似乎是天经地义的。

自从大棚蔬菜诞生后，情况完全变了。人们不必再数月如一日地食用

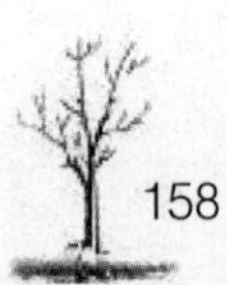

大白菜和土豆，一年四季，菜市场里蔬菜丰足，品种繁多，根本就没有什么南方北方之别。

传统办法之外还有办法，的确如此。过去写字做文章，纸笔是必备的。可是，当电脑出现后，随着互联网的普及，无纸化办公日趋普遍。过去花钱办事，历来是“有多少钱办多少事”，“有多少家底过多少日子”，“寅吃卯粮是不会当家的典型表现”。今天却不一样了，超前消费、贷款消费等方式已登上了生活舞台。

有一位著名企业家说，遇上重要事项，如果你只有一种办法，那是最危险的，万一此路不通，你将措手不及。可见，破除旧办法，创造新办法，不仅有变通的意义，而且有“狡兔三窟”的智慧。

现在的企业界正流行一个说法：“你不射门，就百分之百没有命中率。”

变通是一种具有高度自主性的创造性活动，依赖于不同思想、意见的相互交流和撞击，依赖于全体员工的积极参与和真诚投入。正如DB公司的一位项目经理雷蒙所说的：“我们尽可能给予基层员工更多的责任，让他们比过去更多地参与公司的经营。”

企业作为一个经营运作体，要靠获得利润来维持发展，每一家公司都需要用新的眼光关注这个世界的动态，以便采取相应的措施，谋求拓展。只有不断地、创造性地变通，公司才能跟得上时代的步伐，才能得到发展；不变通，企业就没有生命力。

8.学会不战而屈人之兵

“以治待乱，以静待哗，此治心者也。”

——孙子

“治”指治理，“以治待乱”指把自己一方的内部治理好，以便解除纷乱。“哗”指喧哗躁动，“以静待哗”指调整到安静状态应对喧闹的外部环境。用心中清静来镇住纷乱的局面。

孙子认为战争的最高境界是“不战而屈人之兵”。“不战”就是不通过正面的军事交锋，这样既能使自己免受损失，又能保全敌人。保全敌人并非姑息放纵，而是使战果免受损害。“不战”绝不是放弃武力，而是以强大的实力为后盾，迫使敌人在权衡利弊之后放弃武力对抗。

公元前630年，秦、晋两个强国合力攻打弱小的郑国，郑国大夫烛之武冒险求见秦穆公，指出这场战争会使郑国灭亡，而郑国的灭亡只能使晋国更强大、加快晋国称霸的步伐，这反而会影响秦国的崛起。这番分析使秦穆公不但退出了秦晋联盟，而且倒向郑国，派三员大将帮助郑国抵抗晋国。

孙子认为，用兵作战的上策是用谋略取胜，其次是通过外交途径取胜，再次是与敌军直接交战，下策是攻打城池。攻打城池的办法，只有在不得已的情况下才使用。

这个道理对现代企业管理不无启发，我们知道，现代企业普遍加强企业制度的建立，其中内部管理日益走上科学化、程式化。但是也存在管理受

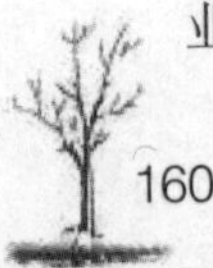

到管理理性主义影响的情形，走到了另一个极端面上——机关很“忙”了，基层很“乱”了，裁员造成了很大的恐慌，导致人心的流失。

不喜欢、不尊重有可能会转化为怨恨；消极的工作态度可能意味着平庸的表现，甚至带来更坏的效果；坏情绪也有感染力，一旦蔓延开来，则可能会把其他员工也“拉下水”。

古人说：“天时不如地利，地利不如人和。”不到万不得已，我们没必要动用“武力”去管理，“管理”的最高境界也是“不战而胜”，利用一些“谋略”的管理者，可以巧妙地处理管人的难题，在建立和谐的人际关系的同时，提升员工以及企业的绩效。能够在工作中充分发掘他人最优秀的一面。

他们懂得如何打开他人心扉，而不是令人心存戒备、拒人于千里之外。

他们不制造紧张气氛，而是非常善于缓和紧张局面。

他们以身作则，为他人树立了良好的榜样，并能够对那些不善于与人相处的员工产生积极的影响。

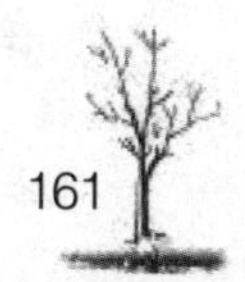

9.必须从全局考虑问题

将有五危：必死，可杀也；必生，可虏也；忿速，可侮也；廉洁，可辱也；爱民，可烦也。凡此五者，将之过也，用兵之灾也。覆军杀将，必以五危，不可不察也。

——《孙子兵法》

其意是：将帅有五种重大的险情：有勇无谋，只知死拼，就可能会被诱杀；只顾贪生活命，就可能会被俘虏；急躁易怒则经不起刺激；廉洁好名则受不了侮辱；一味“爱民”则会因掩护居民而遭受困扰。以上这五点，都是将帅的过失，也是用兵的灾害。使军队遭到覆灭，将帅被敌擒杀，都必因这五种危险引起，这不可不予以高度地重视。

三国时期，孙权计夺荆州，关羽败走麦城。关羽死后，孙权将关羽的头颅献给了曹操，企图嫁祸曹操。曹操识破孙权诡计，以重礼安葬关羽。蜀中人知道后，都对孙权恨之入骨。

刘备为给关羽报仇，不听丞相诸葛亮和上将赵云的苦苦劝说，率水陆两军七十万人马，远征吴国。刘备深入吴境数百里，在夷道县(今湖北宜都)包围了东吴先锋孙桓。东吴诸将纷纷要求主将陆逊派兵增援孙桓，陆逊认为孙恒能够守住夷道，一概拒绝；诸将又要求去迎击刘备，陆逊认为刘备连克吴军，士气正旺，吴军不宜出战，因此，也拒绝了诸将的建议。

就这样，蜀军与吴军从公元222年的二月一直对峙到六月，吴军没有退后半步，蜀军也未能前进半步。

时值盛夏，烈日当空，蜀军水兵在船上难奈酷热，只得离船上岸，在夷陵一带依沟傍溪扎下营寨，躲避酷暑。陆逊见刘备的军营绵延数百里，且都在树林茂密的地方，于是制定了火攻蜀军的作战计划。他命令水路士兵用船舰装载有硫磺、硝石等引火物的茅草运到指定地点;又命令陆路士兵数千人拿着茅草到指定地点去放火。这一天傍晚,蜀军相连的数十座军营自东向西连续起火,蜀军毫无防备,乱作一团,几十座军营全被烧毁。陆逊乘机掩杀,蜀兵死伤无数。

刘备在众将的拼死保护下好不容易逃到夷陵马鞍山(湖北宜昌西北),陆逊随后追至,将马鞍山团团围住,又在山下四周放起火来。刘备束手无策,只好连夜逃下马鞍山,杀开一条血路,向西逃命。吴军紧追不舍,蜀将傅彤身负重伤仍拼死搏杀,刘备这才幸免一死。

刘备因怒出兵,大败而归,蜀国元气大伤。刘备逃到白帝城后,又气又悔,不久就一病而死。

刘备因怒致败只是将之五危之一危,但已经足见为将之人必须从全局上来考虑问题和完善自己。

同样,你作为一名管理者,有没有以上的五危呢?如果有则是企业的灾难,我们必须努力克服并改正之。请记住你是在带领一支团队,而不是一个人,所以你必须站在团队的立场上进行工作,并规范和控制自己的情绪和行为。要真正实现以下七大转变:

在工作内容上,从做业务到做管理;

在实现方式上,从野牛型到雁群型;

在工作方式上,从个性化到组织化;

在人际关系上,从感情关系到事业关系;

在工作力度上,从守成到变革;

在管理方式上,从指挥到授权;

在目标上,从个人目标到团队目标。

具体来讲,就是要求我们凡事要掌握一个度,在决策时处于平稳的心理状态,在调动战略资源和战略时机时做到恰到好处,从而形成最佳的力量部署,达到最大的战略效益。

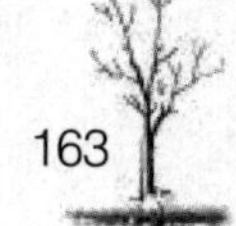

第七课

跟墨子学国学中的“兼爱”之道

人物简介:

墨子的思想十分丰富,是墨学的创始人。墨学与儒学并称为“显学”,“百家争鸣”时期,有“非儒即墨”之称。

关于木匠的鼻祖鲁班,人们能说出很多神奇的传说。这位可以“巧夺天工”的木匠,为我们创造了数不清的人间奇迹。而在历史上记载着鲁班失败的一场比赛。据史书记载,鲁班准备为楚国制造云梯,准备攻打宋国,最后被当时的一位思想家劝阻。鲁班想尽办法与这位思想家对抗,却始终处于下风。最后,只好承认失败,放弃制造云梯的计划。

这个让鲁班落败的人,就是战国时期的杰出思想家——墨子。

墨子,名翟,是一个充满神秘色彩的人物。关于墨子是哪国人,有两种观点。有些学者说他是宋国(今天豫东鲁西一带)人,另一些学者说他是鲁国人。他的生卒年也不能确

定，大概是在公元前468—前376年之间。《史记》中也只是简单地说墨子是“宋之大夫，善守御，为节用。或曰并孔子时，或曰在其后。”

研究墨子思想的主要资料是《墨子》一书。此书原为71篇，现存53篇，是墨子门徒对墨子及墨家思想的汇编。墨子开创的墨家学派，在当时是与孔子的儒学等而论之的显学，得到了很多的尊崇。

墨子还创建了一个组织性很强的团体。墨家成员组成的团体是一个能够进行军事行动的团体，其成员大多出身于社会下层，纪律极为严格。这个团体的首领被称为“巨子”，负责论辩的称为“墨辩”，专事武装行动的，就被称为“墨侠”。

“巨子”具有决定所有成员生死的至高权威。墨子就是这个团体的第一任“巨子”，他领导门徒实际进行的军事行动至少有一次，就是宋国受到邻国楚国侵略威胁的时候，他们为宋国准备了军事防御。而正是墨子对鲁班的胜利使得那场战争得以避免。到战国后期，继续从事墨学研究的成员称为后期墨家，而专事武装行动的成员则游离出去，演变为秦汉时期的游侠。

如何爱人？墨子认为要不分等级地“兼相爱”，这种爱可能吗？溺爱是扼杀天才的摇篮，滥爱是制造混乱的根本，错爱则是制造悲剧的根源。所以，爱不要轻易说出口。不是什么人、什么事都可以用爱来解决问题的。只有那些值得爱、需要爱、能够爱的事物，才值得我们付出真爱、无怨无悔！有了这样的前提，我们才能把思想家所说的“兼相爱”进行到底。

1.既爱自己也爱别人

兼相爱,交相利。

——墨子

既爱自己也爱别人,与人交往要彼此有利。在我们的本性中,有一个角色,它把我们自己的利益摆在他人利益之上,这一角色可视为我们的“假我”。它以“自负”为中心的影响力是如此普遍,以至于它已经成为很多人的生活方式。正因为如此,当真正的成功人士出现时,我们就被他们所吸引。这些真正的爱心人士正在演出我们本性中的另一个角色,而该角色推动我们去爱他人。这一“真我”之所以要帮助他人,是因为我们只有通过帮助他人,才能从人际关系中得到满足。

有这样一个故事:

有一位善生长者,一个偶然的机会,他得到了世界上最稀有、最宝贵的旃檀香木做的金色盒子。但善生长者并没有把这个价值连城的宝贝私藏起来,而是到处宣扬说:“我要把这宝贵的东西赠送给世间最贫穷的人。”

于是,很多贫穷的人蜂拥而至,有乞丐、残疾、孤寡老人等各种受苦的人,他们纷纷向善生长者讲述自己的不幸和生活的艰辛,想要证明自己就是世间最贫穷的人,以便得到这个值钱的宝贝。但善生长者对每一个前来讨宝盒的人说:“你还不是世界上最贫穷的人!”

很快全国各地的穷人都来到了善生长者的住地,但善生长者一点儿也没有交出宝盒的意思。于是大家纷纷议论起来:“他是没有诚心要把这个金

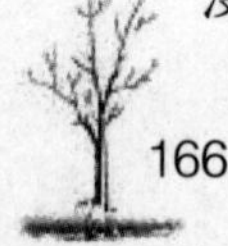

色盒子送给别人。”

善生长者听到大家的议论就出来说道:“我告诉你们,世界上最贫穷的人不是别人,他就是我们的国王波斯匿王,他才是世界上最贫穷的人。”

这个消息很快就传到了波斯匿王耳朵里, 波斯匿王非常不高兴:“哼!我是一国之君,怎么可以说我是世界上最贫穷的人呢?去,把善生长者给我抓来!”

波斯匿王把善生长者带到收藏珍宝的库房里,就问善生长者:“你知道这是什么地方吗?”

善生长者说:“这是收藏黄金的金库。”

“那个是什么地方呢?”

“那是收藏银子的银库。”

“那是什么地方呢?”

“那是收藏珠宝的宝库。”

波斯匿王大声责问道:“你既然知道我有这么多的财宝,怎么可以在外面散布谣言,说我是世界上最贫穷的人呢?”

善生长者笑道:“陛下,您确实有很多财宝,但是您是管理国家的国王,不是管理库房的管家,何必炫耀这些财宝呢?国家的强盛是您的家业,人民的贫富是您的衣裳,百姓的毁誉是您的脸面。您的库房堆满金银,百姓却生活在水深火热之中。您的国家有这么多乞丐、残疾、孤寡老人等各种受苦的人,是他们让我以为他们的国王也是一个衣衫褴褛、满脸污秽的人。”

波斯匿王满脸惭愧地说:“你说得没错!”当即下令,把仓库里的财宝拿出去救济那些穷苦的人。从那以后,波斯匿王不论走到哪里,都会受到人民的尊敬和爱戴。

不论我们是否意识到,当我们在没有奉献爱的情况下生活时,我们就没有忠实于我们的核心特性, 因为我们天生就应该享受良好的人际关系。当我们对某人奉献真爱时,我们才展示了真正的自我。

2.小心呵护自己的善良

兼爱。

——墨子

不分等级，不分远近，不分亲疏地爱天下所有的人。

这不由得使我们想起费尔巴哈“爱的呓语”。这种爱可能吗？爱敌人，你就是叛徒；爱罪恶，你就是恶徒；爱赌博，你就是赌徒……

溺爱是扼杀天才的摇篮，滥爱是制造混乱的根本，错爱则是制造悲剧的根源。

所以，不是什么人、什么事都可以用爱来解决问题的。只有那些值得爱、需要爱、能够爱的东西，才值得我们付出真爱、无怨无悔！

有了这样的前提，我们才能把思想家所说的“兼相爱”进行到底。

许多年之前，人们在亚马孙河两岸砍伐树木时，发现一种十分奇怪的现象，在电锯的轰鸣声中，所有的动物都逃离了，惟有一种叫做树虎的动物没有走。

据记载，树虎是非常怕人的。工人们深感奇怪，不明白这些树虎为什么不走。他们找来动物学家桑普。桑普的话让工人们吃惊，他说一定有一只树虎被树胶沾在了树上了，所以其他的树虎才不走。

大家仔细搜寻，果然发现树干上有一只树虎。原来，一千只树虎里，总会有一只被树胶粘住，从此再不能动弹。让人感动的是，树虎一动不动仍然能在世上活很多年。因为周围的树虎都会来轮番喂它。伐木工人听了动物学家的说法，被深深感动，他们将整棵树移到森林的深处。于是，所有的树虎也都跟着迁移了。

但后来，树虎还是在世上灭绝了。因为它的毛皮非常昂贵，于是就有人先将一只树虎用胶粘在树上，其他树虎便相继跟来，寻食喂养这只不能动的树虎。善良使它们纷纷落入猎人的圈套，被贪婪者一网打尽。

现在社会中，有好多骗子在行骗过程中大都扮演“可怜者”的角色，他们抓住人们善良的心理，花言巧语展开诈骗攻势，博取人们的同情心。有些热心人就因为没有戒备，出于善心帮忙反而受骗。

在没有知道别人具体的身份，不知道别人目的动机时，不要随意结交、轻信和帮助别人，坏人永远不会因为你的悲悯而感动。

我们应该不要吝惜给好人的帮助，但要小心被坏人钻自己善心的空子。

一天，李明在地铁附近遇到一名陌生男子，该男子自称叫谢力，来自广东。他说自己迷路了，恳请李明带他到某医院。当热心的李明把他送到医院，要转身离开时，谢力忽然上前拉住他开始哭诉，说他带着老父亲从广东长途跋涉来到北京看病，因为高额的医疗费用，手里的钱很快就用光了，所以他想把手里的外币兑换成人民币，求李明帮他这个忙，说着就拿出了厚厚的一沓外币。

李明正在犹豫不决时，一名穿着某银行制服的男子来到他们面前，说他是某银行的客户经理，并神秘地说兑换外币的事他可以帮忙，还说外面人多不好点钱，建议到别的地方去，并叫李明当担保人跟他们去。后来他们选择在医院一条僻静的走廊里“交易”。

在“交易”过程中，自称是银行职员的男子称在银行柜台一次只能取3万多元人民币，但是谢力的外币总额价值人民币5万元，男子说没有那么多现金，不想兑换了。谢力马上带着哭腔恳求李明帮忙兑换1万元人民币。善良的李明想到谢力父亲急需用钱，便没多考虑去银行取了1万元人民币交给了谢力。回到医院后，两名男子找了个借口迅速离开。等了许久的李明突然明白，原来两个男子演了一场“双簧戏”，编造了一场悲情剧蒙蔽了他的双眼。这些外币都是假钞。

做人一定要分清善恶，只能把援助之手伸向善良的人。

我们必须以坚定的姿态来捍卫自己的善良，让人觉得自己善良但不是软弱可欺。那些喜欢向别人挑战的人，也不是针对一切人都施以强硬。比他们更强硬的人自不用说，那些神态严肃者，他们也不敢挑战。他们只瞄准了“软柿子”，而且他们要先看一看这些人是不是软弱可欺。

善良和宽恕是仁慈的体现，但是仁慈不是用来供任意挥霍的无尽资源。对好人、对需要关爱的弱者，当然要善待、要仁慈；但是，对于丑恶绝不能忍气吞声，对坏蛋、败类绝不能让其为所欲为，更绝不能以为自己退让就能换得他们良心发现。

3.爱情需要保持清醒和理智

就是神,在爱情中也难保持聪明。

——培根

都说恋爱中的人智商为零,一旦坠入爱河,就好像变成了一个傻瓜,心理会和平时不同,判断能力也有所下降。无论多么坚强独立的女人,都变得小鸟依人。无论多么爱乱发脾气的男人,在心仪的女孩面前也会百依百顺。恋爱中的人往往会做出让人大跌眼镜的事情。

李琳原本拥有一个幸福的小家庭,老公很爱她。但一次冲动的婚外恋却使她失去了这一切。

去年冬天的一次同学会,李琳跟一个读初中时曾暗恋她的男同学相遇了。那次聚会后,这位男同学立即对她开展了攻势,也许是现在的生活太过于平淡,慢慢地她竟然对他产生了爱情。男同学信誓旦旦、山盟海誓,并在同学圈内大声宣告:他愿放弃自己的家庭,给她一生的幸福!在男同学甜言蜜语下,她动摇了,下定决心放弃现在的家庭来换取爱情。为了跟他真正走到一起,她回家跟老公不止一次地吵闹,坚决要求离婚,老公不明白,她不好说出原因。最后她以死相逼才得以离婚。

事已至此,大家都只好祝福他们。可后来那个男人跟她说:他很爱他的女儿,不想她成长在不完整的家庭,他现在不能离婚,让她等他八年,等女儿长大了他就彻底自由了,八年后一定娶她。李琳为他付出了所有,他却开出了一张空头支票!他伤了她的心,打破了她的好梦,她于是从情感的高峰一下陷入深深的低谷。经过几次三番的思想斗争和朋友的相劝,李琳最终放弃了这段情感。到现在为止，李琳还走不出情感失败在她心里造成的阴影。

恋爱中的人往往被对方的花言巧语所迷惑，看不到事情的真相。爱情可能不是你想象中那么回事，不要过于迷恋它，对待它不要太认真、期望太大，狂热之中更需要冷静。

爱情容易让人变得愚蠢，失去理智。许多天真犯傻的女孩们认为既然两个人能在一起，那就应该无所保留，全心为对方付出，不计较得失。她们会认为什么事情都替对方做好，不提要求，不发脾气，对男友百依百顺，才是个完美的女友。但是对他们太好，男人反而不重视你，最后去爱别的女人了。

女孩们总认为男人不喜欢在乎钱的女人，所以不能把钱放在重要位置，有时还会为对方倾其所有，可是爱情是有保质期的，虽然金钱和爱情是两回事，但在一定情况下，金钱能测出爱情的忠实度。肯为你花钱的男人，不一定爱你；但不肯为你花钱的男人，甚至一门心思花你钱的男人，一定是不爱你的。

小美在交友网站结识了一位自称目前在某个国家担任公司高管的男子。她对其"一见倾心"，感觉已经找到了自己的真命天子，可是，令年轻的小美没有想到的是，相识不久后，男子就提出了一个很有诱惑力的投资项目，投资回报是惊人的六倍。男子鼓励她开一个投资账户，共同经营"两个人的未来"。小美被爱情冲昏了头脑，在"男友"的不断催促下，向亲友借了200万元，又以自己的房产作抵押向银行借了400余万。但当她将这笔巨额资金交给素未谋面的"男友"之后，这位头顶光环的"高富帅"却神秘地失踪了，在经过两个月杳无音讯的等待之后，小美才下定决心向公安机关报案。

恋爱是每个人都必经的一条路，不是每段感情都有结果，不是每次恋爱都可以走进婚姻的殿堂。爱情往往像烟花一样，只绽放在那最美的一刻，然后慢慢消失得无影无踪。爱情也需要保持清醒和理智，不要等到爱情远去，事情的本来面目被还原，才后悔曾被爱情冲昏了头脑。

4.一味的“相敬如宾”不是爱

钓者之恭,非为鱼赐也;饵鼠以虫,非爱之也。

——墨子

钓鱼人躬着身子,不是对鱼恭恭敬敬;用虫子作为诱饵捕鼠,不是喜爱老鼠。有时候,表面上越是客气,越是恭敬,越缺少了爱的自然和融洽。

“相敬如宾”语出《左传·僖位公三十三年》,大意是说春秋时一个叫冀芮的人和妻子在用餐时互相恭恭敬敬,举止如同宾客一般。另外有一个相似的成语“举案齐眉”,则是说汉代名臣梁鸿的妻子孟光总是把饭菜举到眉毛那么高,恭恭敬敬地请丈夫用餐。

历来人们都把“相敬如宾”、“举案齐眉”这两个词语作为美满的婚姻和爱情的标杆,说夫妻应该相互尊敬,如同对待客人一样。事实上,那是因为古代女子地位不高,所以得到夫君的敬重应该是一件很幸福的事,这种观念用于如今的情侣和夫妻间却未必适宜。

夏楠从小就向往一种举案齐眉、相敬如宾的婚姻生活。大学期间,夏楠在众多追求者中选中了林立,就是看中了林立的温文尔雅,待人有礼貌。

婚后,夏楠也要求林立把在职场上的一些社交礼仪带进家庭。因此,两人即使在家也是彼此客客气气。结婚以来,两个人从来没有红过脸,也没有大声地吵过架。在大家的眼里,他们是一对模范夫妻。

可是令所有人都想不到的是,结婚两年后,这对金童玉女却爆出了离婚的消息。用林立的话说:“两人相处了这么长时间还像陌生人一样的客气，常常是一整天都无话可说，想说也找不到话题，这种日子谁能受得了？”

爱人并不是宾客，而是人间的至亲最爱。夫妻之间处处以礼相待，客客气气的，那他们之间肯定很难有属于夫妻之间的那种炽热、钟情、水乳交融和相濡以沫的情爱。长久的相敬如宾，只会让爱情窒息。

英国作家劳伦斯说：爱得越深，苛求得越切，所有爱人之间不可能没有意气的争执。

相互敬重没有错，但不能去刻意地营造。相敬，是内心对对方人格的尊重，并非流于表面的客气。过于注重形式就会使夫妻间产生距离，这种距离会让夫妻双方渐渐冷淡，而冷淡又会让双方在生活中趋于沉默。表面的相敬如宾，恰恰因为心的距离很远。真正的爱情是两颗自由的心灵的自由组合，是两颗心之间平等的交流，而不是来自任何一方的恩赐。如果一方居高临下，习惯操纵对方的意志，或一方自卑自贱、自惭形秽，希冀在仰视对方的过程中求得点滴的施舍，那么他们之间就不可能随心所欲、无拘无束。彼此间就会客客气气去讲求各种形式上的繁文缛节，用上种种磨折人的言语举止框住自己。

一味的相敬如宾不是爱，爱是不设防的，心灵上没有距离。爱是心疼，是小性子，是撒娇撒泼。爱是真实的情感，毫不掩饰，爱有时甚至是蛮不讲理，是泪水和欢笑。

《红楼梦》中的贾宝玉同情很多“水做的女孩子”，但爱的却只是林妹妹。贾宝玉后来不得已遵从家长意志娶了娴静贤淑的宝姐姐，夫妇举案齐眉相敬如宾。然而宝玉终其一生，心里装着的都只是逝去的林妹妹。“纵对着山中高士晶莹雪，终不忘世外仙姝寂寞林”，“纵然是齐眉举案，到底意难平”。

两人同处一个屋檐下，却不愿、也无力做深入的沟通与理解，这真是婚姻的诟病与悲哀之处。爱情开始时可以是因为仰慕、同情，但又绝对不等同于这些。那是爱情的开始，而爱情是一段漫长的旅程。同情一个人与爱一个人不是一回事。爱情不是慈善事业，所以不能随便施舍。不要因为受了对方的恩惠，而在一种"愧无以报"的心情下去爱一个人；也不要因为，同情对方的身世或处境，而在一种自以为"侠骨柔肠"的思想下去爱一个人。这都是不对的，把爱的基础建立在感恩或同情上面，是靠不住的事情。

在婚姻关系中，没有谁是主宰，更没有谁是附庸，谁也不能左右别人的命运。在平等的婚姻中，男女双方要共同承担生活的重任，抗击风雨，共享彩虹。即使是某一方对家庭的贡献多一些，也是社会角色、文化水准、身体状况等造成的，与双方的人格地位无关，没有人能因此而居高临下，也没有人就应该仰视尊崇，小心翼翼，蹑手蹑脚。当然，这也并不是说相敬如宾便一无是处了，"敬"是必然，是情侣、夫妻之间相互敬重，是相爱的基础和前提。爱上一个人，则这个人必须有吸引你的地方，而这些地方足可以让你去爱他并敬他。

相敬如宾是老祖宗留下的华丽宫殿，清冷寂寞却外表光鲜；烟火夫妻就是温馨的一张床，外人窥不见，唯有自已才能感知到它的舒适浪漫、花香满怀。真正的爱情是"生死契阔，与子相悦"、"执子之手，与子偕老"，爱人们在一起，要的就是互相照顾、爱护，有时候一个小小的暖味细节都会让平淡的婚姻变得灵动甜蜜起来。

5.原则性问题绝不能退让

无不让也,不可,说在殆。

——墨子

意思是,凡事都要礼让是不可以的,狭窄的小路就不能相让了。这里我们可以理解成:原则性的问题是绝对不能退让的。

犹太人是出了名的好脾气,很多犹太人都是好好先生。可是,当他们面对自己真正想要的东西时,态度就会变得很坚决。犹太人认为,自己想要的就丝毫不能退让,不同意的就不要勉强,要敢于说"不"。要记住:谈判桌前并不是交朋友的场所。

犹太人是最善于说"不"的,因为他们深知谈判就是为了使对方赞同自己的观点,为了争取自身的权益而谈的。对于有违自己原则的条件当然得拒绝了。在犹太人看来,说"不"是一件无坚不摧的利器,说"不"容易让人获得主动权。

一次,三名犹太商人跟来自美国一家知名公司的经理洽谈生意。美方代表久经商场,圆滑世故,他们有备而来,咄咄逼人。谈判伊始,他们就借助于图表、电脑图像和种种数字,证明其价格的合理性。

当他们念完所有的资料,时间已过去了两个小时。而在这个时间里,三名犹太商人一言不发,默默地听着。美方代表终于说完了,他们呼出一口气,靠在软软的座椅上,以谈生意结束的那种语气问犹太商人:"你们认为怎么样?"其中一位犹太商人彬彬有礼地浅笑了一下,说道:"我们不明白。""什么?"美方代表惊诧地问道:“你们是什么意思?你们不明白什么?”另一位犹太商人又彬彬有礼地答道:“全部事情。”锐气大挫的美方代表差点犯了心脏病。“从什么时候开始?”他还是勉强挤出这几个字。第三位犹太商人还是那么彬彬有礼:“从谈生意开始的时候。”美方代表无奈地苦笑着,但又能怎么样呢?他泄气地靠在椅背上,打开领带结,无精打采地又问道:“好吧,你要我们怎么样?”三位犹太商人同时彬彬有礼地答道:“您再重复一遍吧!”现在犹太人反处在主动的地位了,美方起初的那股勇气早已烟消云散了,谁能再一字不漏地重复那堆讲解要长达两个半小时的材料呢?于是美方的开价开始下跌,而且愈来愈不利。结果自然是犹太商人掌握了价格的主动权。

犹太人非常擅长用“变脸术”争取自己的权益,他们从不退让半步。有时候,犹太人会慷慨大方到极点,把笑容“赠送”给他人。但是,一旦涉及自己的权益,犹太人就会把眼睛擦得雪亮,紧紧地盯着,千万不要以为他们的笑能预示谈判的圆满成功。

一旦进入实际的谈判,犹太人的表情多半是晴转多云,多云转阴。他们不管对方是何人,对的就是对,错的就是错,在原则问题上绝不动摇。因此,犹太人之间的谈判常常演变成相互谩骂。很多时候,犹太人的谈判会持续很多天,并且在谈判的第一天都是不欢而散的,更不用说谈出什么圆满的结果。然而,犹太人在争吵后的第二天,一改昨天的态度,依旧笑容可掬地前来晤谈,这一点不能不令人感到惊讶。他们态度转变之快,实在令人叹服。不过,谈判中他们还是以自身权益为重,始终不会做出丝毫的让步。

对于自己想要的就绝对不能退让,不同意就是不同意,不要勉强,要敢于说“不”。永远不要以为你善意的让步会感动对方,使谈判变得更加简单而有效,这只是你一厢情愿的想法。事实恰恰相反,在你没有任何要求的让步之下,对方会更加寸步不让甚至得寸进尺,还会暗示你做出更大的让步。所以,想要以自己的让步换取对方的让步是绝不可能的。

6.做好事不能空有一腔热情

名不可简而成也，誉不可巧而立也，君子以身戴行者也。

——墨子

好名声不能轻而易举地得到，荣誉不能以欺诈树立。君子就是君子，要身体力行地得到名副其实的荣誉。

如果每件好事都难度极高，需要竭力而为或是倾囊而出，就难以坚持下去，不仅是意志方面的问题，而且精力与财力也难以维系。

有些人为了收养流浪小动物，在付出极大爱心和热情的同时，却没有考虑到自己的承受能力，虽然付出了常人无法理解的代价，结果却常常落到倾家荡产的地步。

有媒体就报道过这样的一位女士，她为了救助那些可怜的猫狗，用光了家里的几十万存款，甚至包括丈夫去世时的抚恤金，最后实在没钱，只好把房子卖掉了。为此，她得不到儿子的理解，她儿子去贵州打工一年多，从来都不和她联系。她年岁已高的老母亲，她也没有能力去照顾。多年来，因为周围的居民受不了猫狗的叫声和散发出的浓重的气味与她争吵，她不得不多次搬迁，远离市区，独自居住，承受着众人无法体会的压力。如今她没有钱、没有亲情，只是有她眼里最漂亮最善良的“孩子们”。

公益事业跟商业活动一样，也需要周密的计划和完善的组织，否则多半会不了了之。饲养大量宠物需要空间，需要粮食，需要药物，需要设备，需

要工作人员……其实是一笔庞大的开销，作为个人是很难维持的。

然而太多人固守着自己的理想，却不愿看清眼前的现实世界。他们大多忌讳提钱，常会拒绝一些宠物用品商的有偿赞助。他们认为公益就是无私奉献，因此他们吃不饱穿不暖，饿着肚子闹革命。但是饿肚子的公益事业是发展不起来的，饿肚子的志愿者也是壮大不起来的。公益事业需要资金，需要计划，需要组织，需要制度，需要管理，需要团结一切可以团结的人。

现实生活中，常常有人做了好事还会被人误解。比如几年前被热议的“彭宇案”：一位老太太在等公交车时被人撞倒，刚下车的彭宇出于好心扶起老太太并送到医院，却被老太太一口咬定自己是肇事者，要他赔偿高额的医疗费用。看来，光有做好事的善心还不行，要把好事办好，还需要一定的智慧和能力。

著名作家刘墉在一次采访中说：“帮助人的同时，我们也要保护自己。”他说在美国有一些州，甚至不准许司机在街上停下来接那些拦车的人。如果在荒郊野外，你看到一个孤独的孩子在拦车，而且他看起来还有点受伤，你刚停下来，正在招呼他，这边枪已经顶过来了。虽然人要有同情心，但大家一定要有防范意识，注意保护自己。

刘墉还举了一个例子：“有一年，我去上山扫墓，看到一个孩子受伤，是从山上骑脚踏车冲下来，撞到石头，骨头断了，后来抱着他去医院，一进医院门，医院的人就喊了，你是好心人，你麻烦了，小心他怪你。我当时回了一句话，我说怪我就怪我，要赔我就赔。我觉得今天每个人要活得壮丽，今天你被坑了，要赔多少，你能够承担得了，你在经济能力上能够承担得了，你的心情能够承担得了，那么你就去做。我们不做傻子，但我们不能见死不救。你非要去救他，自己一定贴上你自己的命，贴上你一家人，那么你很可能是笨的举措，你今天要找别人来救，而不是不会水的人跳下水去救，这个是死板的，是鲁莽的善，良知的善重要，思考之后有计划的善最重要。”

做好事不能空有一腔热情，要三思而后行：一个腿部有缺陷的人在公交车上，也不一定要给老人让座，因为他自己在这一方面也需要照顾；如果对电子设备不是很熟悉，就不要帮别人修坏掉的电器，修成废品还只是经济损失，如果修成定时炸弹那是害人；见到有人溺水，如果你本人就是一只晕水的旱鸭子，那绝对不要跳下去救，那样做的结果是导致后来者要救两个人，你应该做的是一边寻找工具救援，一边寻求别人的帮助。

行善是一种美好的品德，能够给别人带来无私的帮助。我们并不是不推崇做好事，碰到老人摔倒，我们每个公民都应该去扶起老人，但在扶之前应该也要学会保护自己。比如请旁边一个人来作证，或者用随身带的手机拍下当时的照片，打电话通知其家人等等，然后再去扶起老人，这样即使以后出现不愉快的事情，也有证据来为自己解脱；在做慈善或公益事业时，不要只凭一己之力，要知道世界上需要帮助的人很多，一个人的力量是远远不够的。

我们在同情别人的同时，还应该保持一份应有的理智，要考虑自身的经济、家庭状况，考虑自身的能力和承受力，先对自己的亲人负责，再去对别人负责，量力而行，学会做一个明智的好人。

7.没有必要去为虚荣卖命

非乐。节葬。

——墨子

墨子反对奢靡的音乐活动，提倡节约人财物力。反对厚葬久丧，主张薄葬短丧。这两句大意是：俭葬是古人的好节操，侈葬给古人带来坏名声。“薄葬”、“厚葬”之争由来已久。

先秦时“墨家”学派的创始人墨翟就提出“节葬”的主张，在中国思想史上写下了光辉的一页，值得后人学习和赞扬。可引用这些有益的古训，为当世侈葬者作为鉴戒。

当今社会，虽然贫穷容易叫人看不起，但是打肿脸充胖子一定比贫穷更让人看不起。也许，没有钱做什么都难，但千万不能因为钱而迷失自己的本性，更不能为了挣面子而去做傻事。

有时候，有钱的摆阔气，没有钱的也不能输面子，大家互相攀比，谁也不让谁。这种攀比更加激化了人的虚荣心，人人都想自己表现得最阔气、最排场，让所有人都羡慕，没有钱就借，甚至冒着犯罪的危险去贪，去偷，去抢。

一个老农民，一夜之间成了暴发户，第二天便去买了一辆豪华轿车。他每天都要开车去附近又脏又乱的小镇一次。他希望看到任何人，也希望任何人都能看到他。因为他喜欢炫耀自己，总是开着轿车左拐右拐地穿过大街小巷，去与每一个人讲话。可是他前行得很慢，比自行车还要慢。原因非常简单，这辆气派的轿车是用两匹马拉着的。

其实，并不是汽车引擎不能发动，而是老农民不会用钥匙插进去发动它。从那以后，老农民的朋友越来越少，连他的亲人都不理他了，碰面了至多奉承他几句，虚心假意地算计他。老农民的虚荣心一时得到了满足，但是没有多久，他就感到生活越来越没有意思，最后，他又回到农田里继续耕田种地，只有这样他才会感到充实。

意外中了大奖，本应该是一件好事，可是老农民因贪图虚荣而向庸俗的方向发展，就会显得很无聊。

有一对恋人结婚时非要摆一摆阔气，发誓要把本单位同事们的婚礼都比下去。可是他们二人都是工薪阶层，没有多少存款，双方的父母身体都不太好，他们那点退休工资是指望不上的。怎么办？借吧！于是，他们借钱置办了高档家具，将新房装饰得像宫殿一样华丽，但是他们还不满足，他们还想把婚礼搞得排场隆重一些，可是能借的钱已经都借了，新郎决定为了自己的婚礼铤而走险。他在结婚前几天偷出工厂的一些器材，私下里换成了一叠人民币。

婚礼那天，新郎西装革履，新娘婚纱拖地。用金色的硬币拼成的“喜”字令来宾惊诧不已，租用的轿车排着长长的队，真是气派极了。

可是到了晚上，贺喜的人群还没散，新郎新娘还没入洞房，呼啸的警车就将新郎带走了。接着，没收了他用赃款买的家用电器。

事发之后，债主们也纷纷上门讨债，新娘子只好变卖了新买的家具用来还债。面对空空的四壁，新娘坚决要离婚，一个刚刚组建的家庭就这样被虚荣和面子给拆散了。

你就是你，我就是我。这个世界比你强的人有很多，比你差的也同样不少，用心活出一个个性的自我，就是你自身的价值所在。没有必要去为虚荣卖命，因为它会引导你走入歧途，甚至毁了你。

8.做个言而有信的人

志不强者智不达，言不信者行不果。

——墨子

面对别人的请求，当你有时间，并且有能力的时候，不要轻易拒绝。但是没有人是万能的，当你真的力所不能及的时候，就不要碍于面子，不好意思说“不”了。试想一下，如果硬撑着答应，将来误了事，那才不好收场。

在工作中，领导让你做某事儿时，你要认真地考虑好，这件事自己是否能够胜任。把自己的能力与事情的难易程度以及客观条件是否具备结合起来考虑，然后再决定是否去做。

孙刚来到某中学任教，正巧赶上市教委到该校抽调人，拟对全市中学进行实地考察，并写调查报告。因孙刚还没有安排授课，就抽了他去。起初，他感觉为难，心想自己不仅对本市中学教育情况不熟悉，就是对教育工作本身，自己刚刚走出校门，又能知道多少呢？他本不想参加，无奈校长已经开口，实在不好拒绝，只好勉强服从。

转眼间，一个半月过去了，别人都按分工交了调查报告，唯有他一个人，由于不熟悉情况，又缺乏经验，对自己分工调查的三个中学连情况都没摸清，更不用说分析了。市教委主任很恼火，责备该校校长，怎么推荐这么一个人。孙刚面子上受不了，又气又羞愧，一下子病倒了，在床上躺了两个星期。

孙刚由于当初不好意思拒绝，最终面子难保，身心都受到了伤害。作为下级，往往在领导提出要求时，虽然不乐意，但又不好意思拒绝。但是你没有考虑到，如果为了一时的情面接受自己根本无法做到的事，一旦失败了，领导就不会考虑到你当初的热忱，只会以这次失败的结果对你进行评价。如果你认为对上级拜托你的事不好拒绝，或者害怕因拒绝会引起领导不高兴而接受下来，那么，此后你的处境就会更艰难。

每个人的能力都是有极限的，我们并不是万事皆能的全才，覆水难收，话一出口就没有挽回的余地，后果就需要自己去承担。一旦失利，失去的不仅是做成这件事的机会，还有他人对你的信任。试想一下，一个只会说不会做的人，谁会喜欢？因此，当遇到他人的请求时，不要把话说得太满，要给自己一个回旋的余地。

拒绝别人的要求确实是件不容易的事，大家都有体会。央求人固然是一件难事，而当别人央求你，你又不得不拒绝的话，也是叫人头痛的。因为每个人都有自尊心，希望得到别人的重视，同时也不希望别人不愉快。因而，也就难以说出拒绝的话了。

不过，当你经过深思熟虑，倘若答应对方的要求将会给你或他带来伤害，那么，就应该拒绝，千万不要为了面子问题，做出违心的事来，结果对双方都没有益处。。

9.真善无须表白

君子养心莫善于诚。

——《荀子·修身》

善良和爱是一种循环和再生。

孔子的弟子仲由在集市闲逛，见一买主与卖主争吵，就走了过去。只听卖主说：“我一尺鲁缟价三钱，你买八尺，共二十四钱，少一个子也不行。”买主争辩道：“明明是三八二十三，你多要一钱是何道理？”仲由觉得有趣，笑着对买主说：“三八二十四才对，你错了。”可买主固执己见，并问仲由敢不敢打赌。仲由性烈，当即以新买的头盔做赌注。买主也不含糊，赌注居然是项上人头。二人击掌为誓，然后去找孔子裁决。

孔子问明情况后，笑着对仲由说：“子路，你错了，快把头盔输给人家吧。”买主得意地拿着头盔走了。仲由大惑不解地问：“老师，分明是三八二十四，您为何判他对呢？”孔子说：“你输了，头盔还可以再买，若是那人输了呢？”

用一个头盔换一条性命，这是智者的善良。很多时候，我们需要权衡轻重，如果与原则无关，不妨退后一步，给人一个台阶。表面上看，你吃了亏，但你的心灵会得到净化。

有个美军少尉从拍卖会上买了一箱上好的威士忌酒，海明威知道后，

请求卖给他6瓶，多少钱都行。少尉想了想说："这样吧，我用6瓶酒换你6堂课，教我成为一个作家。"海明威笑道："我可是花好几年功夫才学会干这行的，你赚大便宜了。好吧，成交。"如愿以偿的少尉赶忙递上6瓶威士忌。

接下来的5天里，海明威如约给少尉讲了5堂课。少尉很得意，他用6瓶酒换得了美国著名作家的指点。海明威说："你是个精明的生意人。现在我想知道，那箱酒你已经喝了多少瓶？"少尉回答："一瓶也没喝，我留着开酒会呢。"

海明威有事要出远门了，少尉到机场送行。在飞机的轰鸣声中，海明威给他讲了第6堂课："在写别人之前，自己先要成为一个善良和有修养的人。"少尉说："这和写小说有什么相干？"海明威说："这对做人至关重要，不论干什么事，做人永远是第一位的。"

海明威一边走向飞机，一边大声地对少尉说："在为你的酒会发请柬之前，最好把你的酒抽样检查一下。"回去后，少尉打开一瓶又一瓶威士忌，里面装的全是茶水。他这才明白，海明威早已知道实情，但只字未提，依然践约为他讲了6堂课。

伪善往往喋喋不休，而真善无需表白。面对恶意的伤害，表白是愚蠢的；面对无意的伤害，表白是多余的。海明威说得好，重要的是做人。智者知道何时沉默和如何沉默，一个心地善良的人即使不说一句话，我们也能闻到人性的芬芳。

只要你有一颗善良的心灵，你终究能够发现，每一天都有收获，每一天都有积累，每一天都有值得高兴的事情。

第八课 跟惠施学国学中的善辩之术

人物简介：

惠施以善辩出名，是名家著名的代表人物，被庄子视为最默契的朋友。在历史上，曾经有一段很经典的对话，叫做“濠梁之辩”。

有一天，庄子和自己的好朋友到濠水游玩。两人站在濠水的桥上，欣赏着青山绿水、美好风光。突然，庄子看到桥下的水里有几条小鱼在穿梭游弋，庄子感慨地说：“小鱼是多么快乐啊！”他的朋友就问：“先生不是鱼，怎么知道鱼是快乐的呢？”庄子反问：“先生不是我，怎么知道我不知道鱼的快乐呢？”他的朋友回答说：“我不是你，确实不知道你是否知道鱼的快乐；你不是鱼，所以你也不知道鱼是否快乐，这就对了。”庄子回答说：“我游濠上而乐，故知鱼游濠下而乐也！”

这位与庄子争论的朋友，就是庄子的老乡——历史上

名家的著名代表人物——惠施。

惠施(约公元前390—前310年),战国时期宋国(今河南省内)人。他曾任魏惠王的国相,以学问闻名。他的著作已全部散失了,现在仅能根据《庄子》、《荀子》、《韩非子》、《吕氏春秋》等书中的片断记载,对他的思想进行分析研究。《庄子·天下》篇中记有惠施的思想观点,被后来的研究者概括为“历物十事”。

惠施是以善辩出名的。连庄子都认为“惠施之口谈,自以为最贤”。

惠施还是一位杰出的政治家。在他担任魏惠王的国相期间,帮助惠王制订新法,取得良好的效果,得到了魏国上下一致的赞誉。惠王甚至要将自己的王位让贤给惠施,但被惠施坚决拒绝了。魏惠王去世后,襄王即位。此时,魏国西边的秦国强大起来,并开始了并吞六国的图谋。秦相张仪提出了“连横”的策略,以瓦解魏、韩、齐的联合。惠施立刻发现了张仪的意图,坚决反对“连横”,主张“合纵”。但魏襄王没有采纳惠施的主张。惠施就离开了魏国,回到自己的家乡,和庄子一起讨论学术和思想去了。

惠施和庄子,是一对棋逢对手的“冤家”朋友。他们在学术观点上存在根本性的差异,但彼此是最好的朋友。在当时的宋国,一说起蒙邑有才华的人,人们便提起惠施与庄子。惠施的官位很高,庄子的学问很高,被人们广为赞誉。庄子对惠施的评价是“惠施多方,其书五车,其道舛驳,其言也不中”。可以看得出来,庄子对惠施的“有才”还是肯定的。以至于惠施去世之后,庄子一改善辩的风格,变得沉默寡言。

当别人问起他缘由时,庄子讲了这样一则故事:在楚国都城郢有一个人,以捏面人为生。有一次,他不小心将一个

泥点溅到了他自己的鼻尖上，这泥点非常薄，甚至比苍蝇的翅膀还要薄。于是这个人就请他最好的朋友——一位匠人用斧头将这个泥点削掉。匠人看了看，操起斧子一下砍下去，斧头下落的风声很响，郢都人鼻尖上的那个小泥点被砍得无影无踪，而他的鼻尖却没受到丝毫伤害。而最妙的是，郢都人站在那儿，连眼睛都没有眨一下。后来，国君听说了这件事，感到很好玩，就想办法将这位技术高超的匠人召进宫中，并也在自己的鼻尖上抹了一个小泥点，请他用斧头帮他砍掉。匠人听后，哈哈大笑，说："大王，我虽然是有如此高的技艺，但必须有一个与我配合默契的对象。我的朋友郢都匠人已死，我再也无法表演这种技艺了。"

很显然，庄子是将惠施当作与自己配合最默契的朋友看待的。

"无厚不可积也，其大千里"是"历物十事"之一，其基本的意思是：即使是薄到没有体积了，仍然可以很大，因为我们还可以从面积上去认识。这种对"小大"相对性的认识，构成了惠施观念体系的一部分。他的另外一些观点，如"天与地卑，山与泽平"、"日，方中方睨；物，方生方死"、"南方无穷而有穷"、"泛爱万物，天地一体也"，等等，都是在强调区别的相对性。正因为如此，在哲学史上，我们通常把惠施视为"合同异"的主要代表人物。用冯友兰先生的话说，惠施代表的是名家的一种趋向，即"强调实的相对性"，以别于名家另一位代表人物公孙龙"强调名的绝对性"的趋向。

1.把话说到心坎里

发言须句句有着落方好。人于忙处,言或妄发,所以有悔。

——明·薛瑄

意思是,说话要说到别人心窝里。说不到心里去,言者谆谆,听者藐藐,等于没说。

《战国策》上有个《触龙说赵太后》的故事。

赵太后刚执政,秦国就攻打赵国,赵国向齐国求援,齐国表示要以赵太后的幼子长安君为人质,齐国才肯出兵。赵太后不愿意,群臣劝说,她都不听,还发了脾气。

老臣触龙分析了她不同意儿子作人质的原因是溺爱儿子,不能为儿子的长远利益打算。针对这一思想,他从自己的儿子讲起,然后讲到赵太后疼爱女儿,胜过疼爱儿子。赵太后不以为然,触龙就分析说:父母疼爱儿女,总是替他们作长远打算。您送别燕后出嫁到燕国去时,尽管为她远行而悲伤,但每逢敬神祭祖时,您总祝福说"一定别让她回来",难道不是为了长远打算,希望她子孙后代做燕国的国王吗?当太后点头称是,逐渐谈得融洽时,触龙就接着说:"现在你使长安君的地位很尊贵,又分封给他大量肥沃土地和贵重财宝,这赶不上趁早叫他为国家建功。要不然,有朝一日,您百年之后,长安君凭什么能在赵国站稳脚跟呢?为此,老臣认为您老人家没有替长安君长远打算啊,所以我认为您对他的疼爱不如对燕后。"

一席话,正好说到太后心窝里,使她茅塞顿开,当即答应,让长安君到

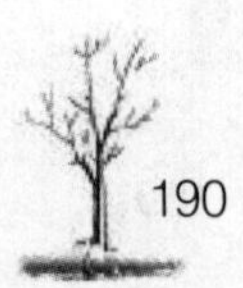

齐国当了人质。由于触龙把话说到了点子上,使太后终于想通了。

与触龙说赵太后可以媲美的,是“20字召回一颗心”的故事。

法国医学家卡雷尔在获诺贝尔奖金后回欧洲讲学,被那里的人深情挽留,里昂大学还专门为他兴建了一座研究所。这使卡雷尔真有点舍不得离开法国了。这时,他的美国同事但津博士给他发了一封只有20个字的电报,电报说:“几颗心还活跃地在玻璃瓶子里,等候着你的归来。”这20个字,是如此神奇,以致卡雷尔接到电报的第二天就启程赴美了。原来,那是几颗鸡心,是卡雷尔为了试验心脏移植,特地用营养素培养在试验瓶里的。但津博士正是选择了最易打动卡雷尔的语言,以触发他的事业心,使他即刻回到了自己身边的。

世界上没有两片完全相同的树叶,这是莱布尼兹的一句名言。同样的道理,“攻心”所要攻的对象,不可能是完全一模一样的人。

由于每个人都有与众不同的独特性格,即使是面对相同年龄,或者有着相同需要、相同动机的人,也要因他们性格和生活背景的差异,而选择不同的“攻心”策略。

每个人要的东西都是不同的,同样,要说服不同性格的人,也就必须用不同的方法,如此才能达到说服对方的目的。

苏洵在《谏论》里举了一个有趣的例子:

古时候,有三个人,一个勇敢,一个胆量中等,一个胆小。有一天,一个人将这三个人带到深沟边,对他们说:“跳过去便称得上勇敢,否则就是胆小鬼。”

那个勇敢的人一向以胆小为耻,便一跃而过,另外两个则没办法了!

这个人对他们说："跳过去就给两千两黄金。"这时那个胆量中等的为了奖金也就敢跳了，而那个胆小的人却仍然不能跳。

这时，突然来了一头猛虎，咆哮着猛扑过来，此刻已经不用给胆小鬼任何压力，他早就抢先一步腾身而起，就像跨过平地一样跳过去了。

从这个例子我们可以看出，我们如想要求不同的人做同一件事情，就必须用不同的方法去激励他们。这就证明了，对于不同性格的人，要用不同的方法去激发他，才能启动他的心。

总之，要懂得把话说到心坎里，才算是真正的说话高手，尤其是工作在第一线的服务人员或推销员，更应该懂得这种因人而异的"攻心"策略。

2.一人之辩，重于九鼎之宝

口者，心之门户，智谋皆从之出。

——鬼谷子

从《庄子·天下》篇中记载的一个小故事我们可以看出这一点：南方有一个叫黄缭的奇人，对研究自然有出乎常人的兴趣。在听到惠施的名声之后，专程到北方来拜访求教。他问惠施："天上的日月星辰为什么不会坠落下来？地上的高山土石为什么不会塌陷下去？风雨雷霆为什么会产生？"

惠施答道："不辞而应，不虑而对，遍为万物说。"从庄子这简短的描述中，我们不难想象一位口若悬河的辩士，在对来访的客人畅谈自然和宇宙的问题。

九鼎是中国古代政权的象征。相传为夏禹用九州贡金所铸，历经夏、商、周三代。春秋战国时期，九鼎安置在东周国都洛阳。

周王朝衰落，各诸侯争雄，都想据九鼎为己有。这一年，秦国扬言要发兵到东周索要九鼎，周天子为此忧虑不安。策士颜率自告奋勇，向周天子保证：他去东方的齐国求借救兵，用计策使九鼎得以保全。周天子问他想用什么计策，他说："如今各个诸侯国都不甘示弱，雄心勃勃地想争得霸主的地位。他们之间矛盾重重，我们就可以借他们的矛盾，来保住九鼎。"周天子采纳了他的意见，并派他依计而行，先到齐国去搬求救兵。来到齐国，颜率求见齐王。齐王根本就没把周天子的使臣放在眼里，总算是勉强召见了他。颜率刚施过礼，齐王就摆出一副极不耐烦的样子，问："东周国的使臣来此有何贵干？”颜率早就看出齐王的冷淡，心中很是气愤。但为了完成出使任务，只能先忍气吞声。为了引起齐王的注意，他故意说：“我这次到贵国来，并他无事，只是为了九鼎……。”

“九鼎？”齐王一听，果然来了兴致，忙吩咐给颜率赐坐，一边迫不及待地询问根由。颜率这才不慌不忙地说道：“秦国不讲道义，想发兵到我们东周国索要九鼎。我们君臣私下商议，认为齐王您是有道的明君。我们与其把九鼎拱手送给秦国，还不如送给大王您呢，不知您意下如何？”

齐王想得九鼎之念由来已久，听颜率一问，忙说：“你们有什么需要我帮忙的，尽管说。这九鼎嘛，好商量……”颜率见齐王信以为真，借机说出了求发救兵一事。齐王二话没说，当即应允。随即派出5万大军赶往东周国，为东周国解了秦兵之围。派兵解围之后，齐王就美滋滋地等着东周国送九鼎来。但一连好些天，都不见音讯。齐王心中不由大怒，派人去质问周天子，索要九鼎。

周天子又有些担忧，而颜率却还是胸有成竹，请周天子派他再次出使到齐国去。齐王一见颜率，厉声质问：“你们为何言而无信？寡人派军队已经为你们解了围，但为何还不见你们把九鼎送来？”颜率仍不慌不忙地说：“东周国幸亏有大王您相助，才得以保全。我们君臣感激大王还来不及，怎么会言而无信，欺骗大王您呢？我们这些天都在为奉献九鼎做准备，只等大王派人来取了。不知大王想从哪条路上运送？”

齐王说：“这还不好办，从魏国借路不就行了？”

颜率忙说：“不可，不可！难道大王不知道魏国君臣也想得到九鼎吗？他们已为此事商谋了好长一段时间了。如果九鼎从他们国家借道运输，不正中他们的下怀吗？”

齐王暗自思忖了好一会儿，又说：“我向楚国借路，如何？”颜率又赶忙说：“也不行！楚国也和魏国一样想得到九鼎。他们更是蓄谋已久。从楚国借路，九鼎肯定也不会安全送出来的。”

齐王想不出办法了,只好问颜率:“你看寡人应从哪条路上运九鼎呢?”颜率故意为难地说:“说的是啊!我们君臣也正为此发愁呢。这九鼎并非一般的东西,不能拿在手中、夹在怀里顺利地送到贵国来。想当年,周武王讨伐殷纣,得到九鼎时,可是动用了81万人护运啊!大王您就算有那么多人,可是从哪条路上走安全呢?唉,真是愁人啊!大王,还是您自己拿主意吧。您想好了,就通知我们,我们等候大王的吩咐。”

齐王绞尽了脑汁,也没想出个好主意,只得作罢。颜率凭借自己的聪明才智,巧借列国间的矛盾,拒秦却齐,为东周国保全了九鼎。

颜率不愧为战略家,他已谋划好怎样收场。他以道路这样的小借口,使齐王的非分之想落空。他用夸张、铺陈的语言,渲染运九鼎之难,语言的堆砌在这里起了强大的心理作用,使齐王望而生畏。道路问题确实是无法克服的客观原因,所以看起来颜率并没有失信。颜率也不是欺骗,因为齐王已得到美誉,而且齐王在道义上就应该救助东周。

一言可以兴邦,一言可以救国。以一个人的口舌完成了百万军队都难以完成的事,这完全是运用智慧和口才的结果。

3.言之有物,借力说力

言贵于有物,无物,非言也。

——宋·魏了翁

在《世说新语》中有这么个故事:

陈元方小时候就聪明伶俐、能言善辩。他还在11岁时,有一次家人领他去袁公府上做客。

这位被称作"袁公"的人,是当朝的大官。同时也是位学识渊博、勤政爱民的人。到了袁公府上,陈元方彬彬有礼的举止深得大家的喜爱。

袁公很喜欢陈元方,他疼爱地拉着元方的小手和言悦色地道:"我素闻你勤奋好学、聪慧过人,想问你一个问题,你父亲在太丘做父母官,为什么能深得民心?"

陈元方不假思索地回答:"回袁大人,家父为人清正廉明,秉公执法。在治理太丘时本着为官一任,造福一方,让百姓安居乐业的原则治理,对那些倚仗权势而作威作福的人,加以严厉地制裁;对贫困交加的百姓,去关心和帮助,使他们的生活得到切实改善。这样恩威并重、政法严明的管理,天长日久就赢得了百姓的尊重和拥护。"

袁公听后,欣喜地说道:"想不到你小小年纪,就有如此一番见解,果真是名不虚传啊!"

袁公沉吟片刻后,语重心长地说:"我以前曾任邺县县令,当时也是用这样的方法来治理的。要是所有的父母官都能这样做,那天下才会太平无事,百姓才能丰衣足食啊。”

陈元方道:“您和家父是智者所见略同。”

袁公高兴地把元方搂在怀里说:“你如此善于言辩,就让我来考考你如何?”

元方道:“等会畅所欲言时,如有不当之处还请袁大人见谅。”

袁公微笑着说:“依你看,我和你父亲理政的策略是谁先向谁学的?”

陈元方想了想说:“大人,您可记得古代政治家周公和孔子吗?他们先后出生在不同的年代,可是他们都有共同的目标,都为百姓而造福,都推行了仁政。为了国家的富强,为了百姓的安居乐业而奉献一生的心血。因此,他们也都深受民众的敬仰。他们的理论至今都受到拥护,谁又能分清周公和孔子两位圣人的治理之策是谁跟谁学的呢?”

说完后,元方看看袁公的脸色,发现并没有责怪自己的意思,才长舒了一口气。

只见袁公哈哈大笑,他一把抱起元方,不住地点头称赞道;“好!很好!回答得恰如其分,今后你一定不要浮躁,要踏实做人,将来必是国家的栋梁呀!”又转身对陈元方的家人说:“真是后生可畏,可喜可贺呀!”

小元方的精妙之处在于他以周公、孔子的事迹作比袁公和父亲,对二者同时称赞,不曾厚此薄彼,才博得喝彩。

陈元方在权贵面前之所以能够从容自若, 因为他的辩词引经据典,无懈可击。

《古今谭概》是明朝文人冯梦龙的一部笔记小说,其中记载了一篇这样的故事:

从前有一位大户人家的子弟屡试不第,被全族人鄙视。这位先生也真是不幸,科举考试好像没有他的份,尽管有满腹经纶也无处施展,这匹被埋

没的“千里马”除了暗自叹息也别无他法。

令人不解的是，他的父亲乃是当朝内阁大学士，文名传遍天下，权势也极大。

最令他生气的是，他自己考不上，而他的儿子第一次参加殿试，竟然就被皇上钦点为状元。

这位先生为此饱受父亲的责备，怪他丢尽全族人的脸，不但比不上须发皆白的老父，连一名黄口孺子都超过了他。这位先生有口难辩，一直默默忍受老父的责骂。

有一天，他的父亲又当着许多亲友的面开始数落他。他实在忍不住，便反驳他父亲说：

“我的父亲是内阁大学士，你的父亲不过是一介渔夫；我的儿子是位状元，你的儿子是久考不中的书生。你的父亲比不上我的父亲；你的儿子又比不上我的儿子。那就是说你尚差我一截，为什么整天骂我是不肖子呢？”

那位内阁大学士听了这番申冤辩白的话语，忍不住哈哈大笑，从此再也不责备他的儿子。这位内阁大学士的儿子，虽然不能和他的父亲与儿子比文采和名声，却是一位辩论的人才。

在他与父亲的对话中，便使用了借力使力的说话术，在贬对方的同时，也等于在赞扬对方。他的父亲责斥自己的儿子，他又借此反击父亲，并用自己的儿子作陪衬。另外，他以自己的父亲来反驳，使得整段辩论滑稽可笑，道理虽歪，技巧却高人一等。

在辩驳中，不仅要言之有物，还要以理服人。以先人、圣哲的言行作为经典范例，更有说服力，而且不容易被对方抓住把柄。

4.正话反说,“话里套话”

理直而出之以婉,善言也,善道也。

——明·吕坤

楚庄王爱马成癖,几乎到了无以复加的程度。

这一年,南方属国进贡来一匹白龙驹,浑身雪白,没有一根杂毛。它柔软的鬃毛又密又长,像丝绸一般闪亮;它明亮的眼睛机敏而富有生气,似乎善解人意;骨骼、四肢、身材,连蹄子尾巴都那样标致,无可挑剔。楚庄王喜爱得不忍心骑它,叫人给马准备了干净华丽的房子,唯恐脏了它洁白的鬃毛,吩咐用精美的饮食服侍它,连外出遛马都担心累坏了它。

可是,白龙驹毕竟不是公主,它享受不了富贵生活,居然很快生病死了。楚庄王听说他心爱的马死了,非常悲痛,让王宫主管安排上好的棺椁,准备按照给大臣办丧事的礼仪为这匹爱马送葬。几位文臣劝他不要这样做。楚庄王一听就怒由心起,大声命令说:“谁要再来劝,寡人就杀了他为马殉葬!”

楚王宫有一个叫优孟的乐伎,他想了个聪明的主意来劝楚王。一进王宫,就伏地大哭起来,那样子显得痛不欲生。

楚王见他哭得太伤心,就问:“你为什么哭啊?”他回答说:“我是为大王的爱马哭丧。我们楚国如今称霸天下,要什么没有啊!可是大王只按给大臣办丧事的礼仪为爱马送葬,太亏待它了。依我看,应该用给国君办丧事的礼仪,这才显得出大王对爱马的恩宠。”

楚庄王感到顺耳,就问优孟:“你看该怎样举办葬礼呢?”优孟说:“请大

王用白玉雕成棺椁，用香木做好棺套；叫善战的楚军将士去挖坟坑，让四方的百姓来搬石运土；葬礼更要隆重：请盟国的诸侯列队于前，令南方的国君执仪于后。这样一来，天下人都知道大王是诚心诚意地爱一匹死了的马，各国的诸侯对您就更尊敬了！”

楚庄王听着听着，很快就明白了优孟的用意。他想，要是真的这样做了，后果难以设想，楚国丢尽脸面，尽失天下人心。他改换了口气说：“礼葬一匹马是太过分了，你以为该怎么处置好呢？”

优孟回答：“用铜锅做棺椁，用炉灶做棺套，用油盐葱姜上供，给它穿上火做的寿衣，埋在众人的肚子里，才是最好的葬礼。”

楚王无奈，只好让优孟招来人，把这匹爱马煮熟食尽。

优孟“反弹琵琶”，话里有话，不言而喻，使楚王从中领会到了礼葬一匹马的荒谬，改变了做法，维护了楚国的脸面，挽救了民心。

这也叫正话反说，“话里套话”。言外有意，说者有心，听者晓义，不言而喻，常常能够达到自己的目的。这也是一种语言的技巧。生活中，不妨多学学这些技巧，这样会使自己的人际关系更加和谐，在社交场合如鱼得水。

唐朝初年，经过数年的治理，国家逐步稳定，人民也开始安居乐业，出现了史称“贞观之治”的大好局面。这时，唐太宗李世民在几位大臣的建议下，萌生了“封禅”泰山的念头。所谓“封禅”，是古代帝王举行的一种到泰山上祭祀天帝的大礼，其规模之大、花费之巨是可想而知的。

事情的起源是这样的，贞观五年时，群臣请求唐太宗封禅泰山，太宗拒绝。第二年，文武百官又请太宗考虑封禅一事，唐太宗虽然有些顾虑，但招架不住群臣再三劝说，最后还是答应了。但是却有一人坚决反对做这种劳民伤财之事，他就是谏臣魏征。

唐太宗问魏征：“大家都要求我去封禅泰山，只有你认为不行，是不是

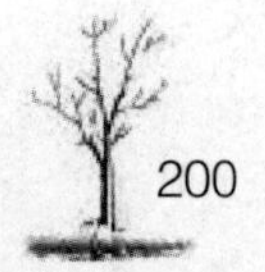

因为我功劳不够高啊？”魏征答道：“够高了。”“是德行不厚？”“很厚了。”“是国家不安定？”“已经安定了。”“是四方蛮夷还没臣服？”“臣服了。”“是年成不丰收？”“年成很好。”“那么是福瑞不到？”“福瑞也到了。”“这六个条件都具备了，那我为什么不能去封禅泰山呢？”

魏征恳切地说：“陛下，我想给您打个比方。假如说，有个人得了一场大病，十年卧床不起，现在经过精心治疗，逐渐恢复正常。就在这个时候，让这人背上一石米，一天走上一百里地，那他受得了吗？隋末动乱不止十年，国家初步安定，丧乱还没有得到完全治理，国家百姓不能说完全富裕了。这时候封禅，宣谕我们大唐的事业已经告成，臣认为恐怕不是时候吧？”

魏征引喻确切，言词诚恳，忠贞之情溢于言表，又避免了直言的尴尬，维护了君颜，唐太宗无言反驳，便决定推迟封禅时间。

每个人都有自尊和虚荣心，如果不计后果地指正或猝然抨击，哪怕用心良苦，效果也会适得其反，甚至引起逆反心理，从而难以达到纠正别人过错的目的。因此巧妙地用各种手段暗示对方，会起到意想不到的效果。

5.要在充分考虑后果的基础上说话

誉人之言太滥不可，责人之言太尽不可，一事虽不畅意，日后亦无悔心。含蓄之妙不可不知。

——清·石成金

对人说话一定要考虑到话语将对他产生的反应，要在充分考虑后果的基础上说话。所谓："良言一句三冬暖，恶语伤人暑日寒"，恶语相向的后果是非常严重的。

春秋时，晋献公宠爱骊姬、少姬两个美貌的妃子，不惜征发大批百姓，耗用大量钱财，建造极其豪华的九层高台供美人游玩。大臣们极力劝阻，他置之不理，竟粗暴地下令说："谁敢再谏，寡人一箭射死他！"诸大臣仰天叹息道："晋之将亡，我们无可奈何了。"他们既不忍国君残民误国，又没有勇气据理力争，围在宫门外一筹莫展。这时候，大夫荀息挺身而出，他要求见晋献公。晋献公一听还有人敢犯龙颜，当即张弓搭箭，怒冲冲地等在宫内，只要荀息一开口劝谏，就把他射死在阶下。

荀息拜见晋献公，行过君臣大礼，避口不谈建造九层高台一事，却轻松愉快地笑着说："臣近日新学得一个小技艺，愿表演给国君和诸位大人们，以博一笑。"

听说是表演技艺，晋献公怒气顿消，好奇地问："你会什么技艺？"荀息说："臣能把12枚棋子堆起来，再往上面垒鸡蛋。""这倒有趣！"晋献公放下弓箭，命侍从取来棋子和鸡蛋，又吩咐宫门外的大臣们一起观看。荀息认真地表演，先把12枚棋子堆起，然后又把鸡蛋排放在上面，一层又一层地垒上去。旁边观看的人，担心鸡蛋会掉下来，无不紧张得屏住呼吸。就连晋献公看了摇摇欲坠的垒卵，也惊慌急促地叫道："危险，危险！"

荀息又在垒高的鸡蛋上放下一只，然后慢条斯理地说："区区垒卵小技，不算什么，还有比这更加危险的呢！"晋献公问："有什么比这危险，寡人倒想见识见识。"

荀息见时机已经成熟，就不再表演，立起身子，异常沉痛地说："启禀国君，请让我进几句逆耳忠言，臣即使被处死也不后悔！自从您下令建造九层高台，三年而未获成功，国内已经没有男人耕地、女人织布了；国家的库存耗损一空，邻近的楚国、齐国日渐强盛，倘若举兵侵犯，晋国将依靠什么抵抗呢？国君只知建成高台可以纵情声色，却不知晋国由此国弱民贫，形势同样危若垒卵啊！臣请国君洗心革面，富国强兵，不再浪费国家财力，爱惜百姓血汗，请国君三思！"

说完，荀息泪湿衣襟，众大臣一起跪拜恳求，无不痛心疾首。晋献公见荀息说得合情合理，一片忠心宛转诚恳，这才省悟道："没想到，寡人的过失竟然重到这种程度了！"于是接受了荀息和大臣们的恳求，下令停止建造高台。

这种明里奉承，暗含诤谏的方式，历史上叫作讽谏。所以我们在日常生活中，也会经常用到这种方式，对待不同的人要用他们能够接收的方式去劝告他们，以达到预期的效果。对那些权贵之人或长辈，我们说话一定要小心谨慎，因为处在优势的位置，他们不会轻易采纳别人的建议。

我们建议说话之前要考虑一下方式。我们可以设问对方一些最基本的事理，这些设问绝对会得到肯定的答复，当与对方在基本事理上达成一致，取得双方在心理和事理的一致认同时，再推出自己的看法，如此循循善诱方可达到预期的目的。

俗话说:“话不能说得太绝。山不转路转,山水总有相逢。”所谓太绝,就是太绝对。这种不良的语言习惯通常给自己带来麻烦,同时又让对方无法接受。说不定哪一天你会站在和对方相同的立场,接受别人激烈的指责。

1972年2月16日,日本爱知县发生一起凶杀案,一位文质彬彬的教师竟然杀死自己的岳母和妻子。这不幸事件的起因便是因为那位岳母大人出言不逊。

那位岳母有一天对女婿说:“你这个地地道道的蠢货,不但养不活妻儿,竟然还四处借贷,我女儿嫁给你这种人,算是倒了八辈子的霉,哪天请个中介把房子卖掉,然后你就滚回老家去打光棍吧!”

这位教师长年受岳母的训斥,平时在家里又受妻子的白眼,加上几天前他又从旁人那里知道自己的妻子在外面和人鬼混,心情便一直郁郁寡欢,此时被岳母的一番牢骚触动心头火,一怒之下便萌生杀机。

一旦对方不满的情感被挑起,便会像山洪一样爆发,如果遇到反击,这种不满情绪就会像烈焰一般腾腾直上。一般情况下,理智者往往会采取其他方式,尽量压抑怒气,比如保持沉默、转移注意力、借酒浇愁、找知己倾诉等。如果对方是个缺乏自制力的人,那就更容易走向极端,甚至发生一些意料不到的事情。

6.用“幽默之钥”去开“严肃之门”

有许多真实的话都是在笑话中讲出来的。

——斯威夫特

在战国时期，齐国有个出身卑微的人，叫淳于髡，他虽然身材矮小但口才很好，尤其善于讲笑话，使听者在笑声中受到启发。

于是齐威王派他当齐国的使臣，出使各国。

由于他有一副雄辩的口才，因而每次都非常出色地完成了使命，深得齐威王的器重。

一次，楚国发兵进攻齐国，齐威王派遣淳于髡带着黄金百斤、驷车十乘的礼物，前往赵国求救兵。

淳于髡接到命令之后，放声大笑，直笑得前仰后合，浑身颤动，连帽子缨带都迸断了。

齐威王问他道：“先生是不是嫌我送给赵王的礼物太轻了？”

淳于髡回答说：“不敢，我怎么敢呢？”

齐威王又问：“那么，你为何这样大笑呢？”

淳于髡答道：“不久前，我从东面来，看见路上有一个人正在向土地神祈祷。他拿着一只猪蹄，捧着一杯酒，嘴里念念有词：‘高地上粮食满筐，低地上收获满车，五谷丰登，全家富足。’我看见他奉献给土地神的少，而向神索取的多，所以觉得好笑。”

齐威王听到此处明白了，淳于髡是在用隐语来劝谏自己增加礼物，于是决定把礼品增加到黄金一千斤(每斤二十两)、白璧十对、驷车一百乘。

淳于髡于是带着礼物前往赵国,说动了赵王发兵相救。回国后齐威王便置办宴席庆贺,他见淳于髡颇有酒量,就问他:“先生最多能饮多少酒才会醉呢?”

淳于髡回答说:“我饮一杯酒也会醉,饮一石酒也会醉。”

齐威王很惊奇,问他说:“先生既然饮一杯酒就醉了,怎么还能饮一石酒呢?其中的道理可以说给我听吗?”

淳于髡说:“如果在大王面前饮您所赐之酒,执事官吏在旁边看着,御史在后边监督,我心情恐惧,伏地而饮,这样的话,不过一杯就醉了。

“如果父母在家中接待贵客,我卷起袖子,陪侍于前,不时捧杯敬酒,恭敬陪侍,这样的话,不过两杯就醉了。

“如果朋友间一起游乐,由于很久没有见面,现在突然相逢,便互诉衷情,这样的话,大约饮五六杯才会醉。

“如果乡里相聚,男妇混杂在一起,细斟浅酌,一边饮酒,一边下棋、投壶,做各种游戏,随便与女郎握手也不受处罚,目不转睛地注视她也没有顾忌,前面掉有妇女的饰物,后面有姑娘遗落的发簪,我心中一高兴的话,便可饮八九杯。

“如果日暮酒残,将残席合并在一起,男女同席,促膝挨肩而坐,靴鞋交错,杯盘狼藉,一会儿堂上蜡烛尽熄,主人送走客人而唯独把我留下,她敞开了衣襟,我隐隐闻到一阵微香,当此之时,我心中最快乐,就能喝到一石酒。所以常言说:‘酒极则乱,乐极则悲’,一切的事情都是这样的。”

齐威王听了淳于髡这一番话语,明白了淳于髡是用幽默的隐语进行讽谏,从此不再作长夜之饮。

人与人之间,为了利益或为了理念,有时难免会陷入紧张或对立的状态;然而,沉重的问题也可以用轻松的方式去解决,严肃的门也可以用幽默的钥匙去开启。

7.妥善辟除谣言,获得别人的信任

轻言骤发,听言之大戒也。

——明·吕坤

生活中难免会遇到搬弄是非的小人,让人不得不提防。如果一味地宽容,往往会落入小人的陷阱。历史上,多少忠臣被奸佞所害,如可歌可泣的杨继业,精忠报国的岳飞。用善良去面对心狠手辣并不值得提倡。但是防人之心不可无,我们要善于辟除谣言,获得别人的信任。

下面讲的是甘茂巧计避谗的故事。

秦武王雄心勃勃要完成统一天下的大业。有一天,他召集左丞相甘茂、右丞相樗里疾商讨攻打韩国的事,问哪一个丞相愿意带兵出征。右丞相不同意,左丞相说:“要打韩国,必须联合魏国才有力量。魏王那里,我可以前去游说。”秦武王同意了甘茂的建议。

甘茂很有口才,很快说服魏王答应一起发兵攻韩。可是,他担心樗里疾在秦武王面前搞小动作,到时攻韩不成还会受诬陷。于是派人向秦武王汇报说:“魏王已同意出兵,我们是不是改变主意放弃攻打韩国为好?”秦武王很奇怪,亲自赶到息壤这个地方,找到甘茂,问他为什么改变了主意。甘茂说:“要战胜韩国,并不是一件轻而易举的事,我国要消耗很多财力,也不是几个月就能结束战争的。如果中途发生了什么变故,不是要前功尽弃吗?”“有你主持带兵打仗的一切事务,还担心什么变故呢?”秦武王不以为然地说。

“有些事情的发展是现在难以预料的。历史上曾经有过这样一件事:一

个跟孔子的门生曾参同名同姓的人闯祸杀了人，有人去报告曾参的母亲说：‘曾参杀人啦！’曾参的母亲正在织布，听了头也不抬地说：‘我的儿子是不会杀人的。’过了一会儿，又有人来报告说：‘你的儿子曾参杀人啦！’曾母仍旧不相信儿子会杀人。第二个人刚走，第三人又来报告说：‘曾参杀人犯了大罪，官府来捕人啦！’这次曾母相信了这个谣言，吓得扔下梭子躲了起来。”

“左丞相对寡人讲这个故事，这同出兵夺取韩国又有什么联系呢？”秦武王不明白甘茂葫芦里卖的什么药。

“道理很简单，”甘茂解释说，“如果我率领千军万马离开大王身边去攻打韩国，说我坏话的人一定大有人在，万一大王也像曾参母亲那样听信谗言，那么，我的后果可悲不说，击败韩国的大业一定也会付之东流了。”秦武王想了想说：“为了让你带兵作战，没有后顾之忧，我一定不听别人的闲言碎语，如若不信，我可以给你写个凭证。”

接着，秦武王和甘茂订了一个盟约，就藏在息壤。甘茂被拜为大将，领兵5万，先打宜阳城。没有想到5个月都没把城攻下来，右丞相趁机对秦武王说：“甘茂拖延这么长时间，莫非要搞兵变或投降敌人？”秦武王经不住右丞相的挑唆，下令甘茂撤兵。甘茂派人向秦武王送去一封信，上面只写着“息壤”两个字。秦武王拆开一看，知道自己轻信谗言动摇了攻韩的决心，觉得很对不起甘茂。于是增兵5万开赴前线，终于攻下了宜阳城。

甘茂能够预料到可能会受到政敌的攻击，提前警醒了秦武王，免除了自己的后顾之忧，得到了秦武王的信任和支持，最终攻下了宜阳城。

在人群中来来往往，我们每个人都可能有被陷害、被冤枉或被误解的时候。理性地讲，当发现有人攻击诬陷你的时候，你千万不要惊慌失措。更不要因此否定自我，怀疑自己。

第九课 跟邹衍学国学中的自知自强之路

人物简介：

邹（《史记》写作“驺”）衍（约公元前305—前240年），战国时期齐国人，阴阳家的主要代表人物。

阴阳家对于中国思想的主要贡献，就是力求对自然物、事等只用自然力做出实事求是的解释。就阴阳家所处的时代而言，其科学技术水平还处于一个比较低的程度，还无法证实其假说的科学性，但这些观念对于人们思想的解放作用是不可低估的。

“五德终始说”是邹衍的“天学”。所谓“五德”，就是指金、木、水、火、土五行。

将五行同五行相生相克的学说结合起来，将其视为对社会和历史发展具有支配作用的力量，如木胜土、金胜木、火胜金、水胜火、土胜水。

为了证明这一点，邹衍将五德与历史相配，提出黄帝和

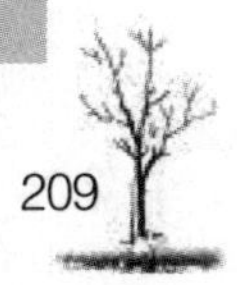

尧舜时期得到土德势力，故兴盛；大禹得到木德，故胜土而夏代兴盛；商汤为金德，故胜木而殷商兴盛；周为火德，故胜金而周代兴盛。

这种推论与历史的发展进程一致，得到了广泛的认可。他还进一步把这种学说推及颜色、数字等方面，构成了完整、丰富的学说体系。

根据历史的记载，邹衍是一个很受欢迎的人物。

邹衍之所以如此受人欢迎，主要在于他由小及大、由近及远，“推而大之，至于无垠”的论证方式。很多国君在听了邹衍的学说之后，也慑于五德的威力，对自己的行为有所收敛、有所约束，产生了很多积极的影响。没有要“统领万方”的自我膨胀，更不是“舍我其谁”的自我感觉。有了这样的意识，我们就不会迷失自己的方向。

1.做事不能半途而废

“君子遵道而行,半途而废,吾弗能已矣,”

——《礼记·中庸》

《礼记·中庸》中有言:“君子遵道而行,半途而废,吾弗能已矣。”《论语·雍也》文中写道:“力不足者,中道而废,吾弗能已矣。”半途而废,要么出于性格无恒,要么出于畏难而止,要么出于激流勇退,总之,一个做事没有恒心的人,往往会中途废止的。这样,任什么事情也做不成了。

古官道上,一天走来一个匆匆的行者,只见他20岁上下,书生打扮,脸上露着兴奋的表情。他叫乐羊子,本来是离开妻子在外地求学的,但学问的艰深,求学的清苦,使他感到乏味得很。想着家里美丽的妻子,舒适的房舍,他在书塾呆了一年后终于决定弃学返乡。想到妻子惊喜的表情,那温暖体贴的招呼,他便觉格外的兴奋。脚步不由更快了。渐渐,熟悉的房舍出现在眼前,炊烟正袅袅地升起,他赶紧几步跑到门前,叩响了门环。

“谁?”屋里的织布声停了,传来妻子熟悉的声音。

“我呀!”乐羊子高兴地大叫起来。

屋子里出现短暂的沉默,“吱呀”门开了,露出妻子惊喜而略带诧异的脸,当她看到乐羊子那沉甸甸的行装,脸上的笑容消失了,她似乎猜到什么。

乐羊子一步跨进门里,放下包袱,环视了一眼干净、舒适的屋子,便高兴地嚷嚷起来:“终于回来了,可算回来了。”

但妻子的表情似乎有些冷淡，她默默地看着他，终于开口道："不是要三年才能回来吗？""我想家，所以便回来了。"

"住几天？"

"再也不走了。"乐羊子手一挥，感觉很痛快，想到那清冷的书塾，老师那严厉的面孔从此便远离自己，真有大松一口气的感觉。

妻子没说什么，只是拿出一把剪刀，乐羊子诧异地盯着她，只见她走到织布机边，"喀嚓"一声，便将织布机上停着的一匹布剪断了。乐羊子大叫起来："真是太可惜了！这是一块图案精美的花布，只差一点就要完工了！"可妻子这么横刀一剪……

"这本是一块快要完工的布，但我剪断了它，它便成了一块废布。"妻子说，"求学的道理也是一样，若能坚持到底，付出艰苦的努力，就能成为一个有用的人，但若不能坚持，中途停下来放弃攻读，就会前功尽弃，如同这块废布一样，成为一个毫无用处的人。""这？"乐羊子嗫嚅着。"再过几年，你的同学学业有成，便可报效国家，建功立业了，而你却仍是碌碌无为，终日干些琐碎的事，一辈子又能有什么出息呢？"

乐羊子低头不语，他感到非常羞愧，自己的见识还不如一女子。若不是妻子谆谆教诲，自己岂不是会虚度光阴，成为一个无用之人。想到此，便打起行装，决心回到书塾去完成学业。

理解半途而废的人生禁忌，既要克服畏难思想，树立无坚不摧的信念，又要讲究方法，选定一个目标，锲而不舍。有一则民谚说出了这个道理：老虎和绵羊简直不可比拟，虎入羊群，羊儿四散溃逃，老虎只盯一只追，虎累羊也累，被追杀者没有喘息的机会，可以说十拿九稳；如果没有固定目标，那么每一只羊都会精力充沛地逃生，而老虎却因换来换去而耗费体力，结果可能一只也追不上。所以，要想做成一桩事情，定要咬紧牙关，坚持到底，才是我们应遵循的做事宗旨。

2.认清你的优势,摆正你的位置

自知者英,自胜者雄。

——隋·王通

这两句大意是:有自知之明的人是英俊豪杰;能战胜自己、超越自我的人是强者。人对自己应有正确的态度,知道自己的长处和短处,这样在行动中便能扬长避短,无往而不胜。同样,人还应战胜自我、超越自我,将感情升华到一个新的境界,这样的人,自然能创造出更大的成就。

精英之所以出类拔萃,是因为其自身的优势获得了最大限度的发挥。而普通的人们,在对这些精英深怀敬仰之时是否已经明白:优势不是这些精英的专利,每个人都有天生的优势。

有这样一个很有趣的寓言故事:

森林里住着各种各样的小动物,为了和人类一样聪明,动物们开办了一所学校。开学典礼的第一天,来了许多动物,有小鸟、小鸡、小鸭,小山羊、还有小兔子、小松鼠。学校为它们一共开设了5门课程,有唱歌、跳舞、跑步、爬山和游泳。当山羊老师宣布,今天上跑步课时,小兔子兴奋地一下从体育场跑了一个来回,并自豪地说:我能做好我天生就喜欢做的事!第二天一大早,小兔子蹦蹦跳跳来到学校。老师宣布,今天上游泳课,小鸭也兴奋地一下跳进了水里。天生恐水的小兔子傻了眼,不但是小兔子,其他小动物更没了招。接下来,第三天是唱歌课,第四天是爬山课……以后发生的情况,便可以猜到了,学校里的每一堂课程,小动物们总有喜欢的和不喜欢的。

这则寓言故事诠释了一个通俗的哲理,那就是“不能让猪去唱歌,让兔子学游泳”。要成功,小兔子就应跑步,小鸭子就该游泳,小松鼠就得爬树。要展现自己的优势, 千万不要拿自己不擅长的一面去和别人擅长的一面比,这样你只会一事无成,反而会打击自己的自信心。

成功者之所以能成功,是因为他们知道自己的优势在哪,不盲目做一些不是自己优势的工作。

时代在不停地发展,所以社会上又出现了很多职业,算起来有几百种专业、职业,每种(专业)职业对从业者独特优势(或特长)的要求各不相同。如果你在学习或工作中很不顺利,甚至屡受挫折,千万不要灰心丧气,认为自己这也不行,那也不行。其实并不是你不能做好,而是你像“让小兔子学游泳”一样入错了行。

按成功心理学观点,人类目前共有400余种独特优势,任何人都有至少一项的独特优势,只要你能找出自己的独特优势,凭此在社会上几百种专业、职业中选择最适合自己的,果断地跳槽改行,由入错行变为入对行,就像小兔子选择跑步那样,去充分地开发、培养和发挥自己的某项独特优势(或特长),你就一定能取得最大限度的成功。

3.小心谨慎,必善其后

“小心谨慎考;必善其后,畅则无咎也”。

——《围炉夜话》

意思是说凡是小心谨慎的人,事后必定谋求安全的方法,因为只要戒惧,必然不会犯下过错。这就要求我们做事三思而后行,不能鲁莽行事。

郑国的子产任相国后,巧妙地化解了一次强国入侵的危急。在郑国南面的楚国是个大国,总想欺负比自己弱的郑国。后来,郑国的大夫公孙段把女儿许配给楚国的公子围,公子围也答应了。郑国许多人都挺高兴,以为郑国成了楚国的亲戚,就不会受楚国的欺负了。子产可不这么看,他认为楚国不会为了一个女孩子,就放弃消灭郑国的野心,所以仍然时刻提防着楚国。

过了些日子,楚国通知郑国,要派大队兵马到郑国迎亲,还要举行隆重的婚礼。郑国人欢天喜地,准备迎接楚国的迎亲队伍。子产知道以后心想:迎亲就迎亲吧,何必要派那么多军队来呢?楚国一定不怀好意,想借娶亲的机会,攻占郑国的都城。于是,他立刻埋伏好人马,防止敌人偷袭。没过几天,公子围果然亲自率领迎亲队伍来了。他迎亲是假,想借机偷袭郑国是真,所以带来不少精兵强将。

这一队人马到了郑国都城下,见城门紧闭着,都大吃一惊。正在纳闷,子产派了一个叫子羽的大臣出来见公子围。子羽说:“我们郑国城小,你们迎亲的人太多。所以请你们就不要进城了,婚礼就在城外举行吧!”

公了围一听,火冒三丈,气哼哼地说:“婚礼在野地举行,真是天大的笑话。你们不让我进城,这不是让天下人笑我们楚国无能吗? ”子羽想起了子产嘱咐自己的话,就板着脸,不客气地说:“直说吧! 我们不相信你们。你们真是来娶亲的吗?我们国小不算错误。如果因为国小就想依赖大国,自己不加防备,那就是错了。”

公子围惊讶地问:“你这话什么意思? ”子羽直截了当地说:“我们同你们楚国结亲,本来想两家友好相处。可你们心眼儿太坏了,想趁机攻打我国,还以为我们不知道吗? ”他说着,指了指楚国的军队。

公子围听着,低下了头。他见郑国已有准备,只好放弃偷袭计划,对子羽说:“你们要是不放心, 我让我的士兵把箭袋倒挂着 (实际上就是不带箭),进城好了。”子羽把这话报告给子产。子产这才答应让公子围进城。楚国士兵都不带武器,倒挂着箭袋,跟着迎亲队伍规规矩矩地走进了城。这件事,如果不是子产有预见,郑国准得吃大亏。

子产正是做事谨慎,才避免了国家的一场大祸。这就启示人们在做事以前一定要考虑周全,以免造成不必要的损失。

战国时期,周王室日益没落衰微。不仅周天子的号令对诸侯毫无作用,王室内部争权夺位的矛盾也愈演愈烈, 最后竟把少得可怜的封地一分为二,各立新君,称做东周和西周。

西周的大臣昌他有心篡位,不料泄露了机密,他担心阴谋败露会招致杀身之祸,遂在事发前叛逃到东周。当时,东周君也想扩大自己的疆域,与西周争雄,便把昌他奉为上宾,打算委以重任。昌他一方面要借东周势力保护自己性命,另一方面更想利用东周的军事力量打击西周,报复西周君。因为他熟悉西周所有机密情况,将军国大事一一向东周君诉说,指出灭亡西周并非难事,还为东周君出谋划策,做好待机进攻的准备。

东周君大喜,言听计从,一一照办。

昌他叛逃后，西周君恨得咬牙切齿，不除掉这个心腹之患，他一日也不得安宁。西周大臣冯且，足智多谋，见西周君为昌他叛逃一事寝食不安，便进宫安慰道："国君不必为昌他忧虑了，臣冯且有办法为您除掉这个叛逆。"西周君感激地说："先生能为王室除掉叛臣，孤愿举国听命，不知先生要调用多少军队？""不须国君劳师动众，臣挥笔写下一封书信，昌他不日即可人头落地。"冯且轻松地笑了笑，胸有成竹地说。

冯且设下了一条反间计。他收买了一位往来于东、西周做生意的商人，嘱托他带给昌他一封密信，上面写着："事若办妥，当速引兵入境。若急切不能成事，可赶快回来。事不宜迟，拖久恐败露，性命难保。"

商人走后，冯且又派人将这一秘密故意透露给东周边境的守将，说今晚有西周奸细扮作商人进入东周。

东周守将闻报不敢大意，当晚果然在边境上抓住了那个给昌他送信的商人，搜出了那封密信。东周君看了冯且写给昌他的信，毫不怀疑地认定昌他是西周派来的间谍。为防止他设法逃跑，立即下令把他杀了。

东周君不能对事情进行正确分析，轻信了传言，中了冯且设下的反间计，成为借刀杀人的凶器，替敌人除去了心患。

对待传闻要注意辨别真伪，聪明的人善于进行理性分析，愚蠢的人总是把传闻当自己决策的依据。有时候成与败，就取决于对信息把握的准确度，凡事要考虑前因后果，凡言要考察真假对错，别人的话能否相信，还得自己加以分析和洞察。

4.持之以恒方为赢家

只有毅力才会使我们成功，而毅力的来源又在于毫不动摇，坚决采取为达到成功所需要的手段。

——车尔尼雪夫斯基

问世间几经沉浮，谁是真正的英雄，也许我们要感叹命运的戏弄，成功和失败往往只是一步之遥，也许再坚持一下，你就是那最后的一个。

公元29年（东汉光武帝建武五年）。耿宾受光武帝刘秀的派遣，去征讨东部割据势力张步，然而耿宾首先要消灭的敌人是张步的部将费邑。

费邑老谋深算，用兵一向谨慎。他屯兵历下拒敌，历下城池坚固，依山临水，易守难攻。强攻肯定是行不通，于是耿宾召集部将商议作战策略。

“将军，对费邑我们只能引蛇出洞，然后加以围歼。”一个部将说。“我们如何才能做到引蛇出洞呢？”“可以用围魏救赵的战法。我军首先……”那位部将侃侃而谈。他的战术恰与耿宾心里盘算的不谋而合，因此便付诸实施。

而费邑的策略是，屯兵历下，待机而发。他知道耿宾是个不可小觑的劲敌。所以一切须得谨慎从事。费邑命令部队，日夜修筑工事，加固营垒，要全体将士作好长期坚守的准备。

一日，费邑正在军中巡视。忽然，一位偏将赶来禀报说：俘虏了一批耿宾的人。“将军，听那些俘虏回来说，耿宾将攻打巨里（巨里是费邑的弟弟费敢据守的地方）。”费邑兄弟俩自幼感情深笃。“这定是耿宾的迷军之计，妄图把我们调虎离山。不要轻信这些俘虏的话。关照下属，不得随意散布流言。”费邑下达了命令。

可是，几天后，费邑派出去的密探来报：耿宾的兵马聚集于巨里外。他们看到耿宾每天命令士兵砍伐城外堑壕的树木准备填塞堑壕，积极做着攻城的准备工作。诸如云梯之类的攻城器械，耿宾部也准备得差不多了。

“这些都是耿宾制造的假象，我们不要去理它，我军的主要任务还是加固工事，囤积粮草。”费邑虽然仍然给下属这样的命令，可心里也确已起疑。难道耿宾真要先攻打巨里。

“报告！”一位隐藏在耿宾军中的秘探赶回来向费邑报告，“将军，巨里城费敢将军已情势危急，今天上午我在耿宾军中亲耳听到了光武帝命令耿宾三天后攻下巨里的圣旨。”“哦，真有此事？”费邑问。“小的亲耳所闻，千真万确，如有差错，愿受极刑。”秘探急忙回答。“再等等看。”费邑已经在改变自己的看法了。

可是，不到三天，费邑又接了弟弟费敢十万火急的求援信。信中说：“巨里若亡，历下岂能独存？请兄火速领兵驰援。”至此，费邑才明白巨里已危在旦夕了。于是，亲率3万大军赶去救援。

然而，部队还没有接近巨里，便陷入了耿宾的重围之中。费邑慨然长叹：“我到底还是上了耿宾的当，我不如他啊！”事实上，耿宾准备攻打巨里是假，把费邑牵引出来是真。费邑最终还是断送了3万大军，也断送了自己。

自古雄才多磨难，似乎成了一条定律。在向目标前进的路上，不知要倒下多少人。大浪淘沙，剩下的就成了精英。求知的人要耐得住寂寞，要有把自己放在知识的炉火里炼个三年五载，脱几层皮，虽然这样未必就能炼就一双火眼金睛，但至少也会让你更加聪明伶俐。事实上，当你默默无闻忍受孤独寂寞的时候，你的力量在增长，你的根基在扎实，等到属于你的雨季来临，你就会像毛竹一样疯长，创造生命的奇迹。

5.遇事不要乱猜疑

所信者目也,而目犹不可信！所恃者心也,而心犹不足恃。

——孔子

有些人产生猜疑心,往往与轻信道听途说有很大关系。

《三国演义》中的长坂坡一战,刘备所部被曹军打得七零八落。正在他慌乱之时,糜芳又报告说:“赵子龙反投曹操去了也！”张飞一听,便猜疑赵云背信弃义,立即大怒道:“待我亲自寻他去,若撞见时,一枪刺死！”尽管刘备告诫他:“休错疑了……子龙此去,必有事故。吾料子龙必不弃我也。”张飞仍是不信,径自引20余骑,到长坂坡寻杀赵云。其实,赵云是为救甘糜二夫人和刘备的儿子阿斗,才匹马单枪,杀回乱军之中。幸亏简雍亲眼目睹,并报信给张飞,这才避免了一场误会。

耳听为虚,那么眼见是否就一定为实呢？也不见得。

孔子在陈蔡绝粮的时候，有一次亲眼看到弟子颜回在煮饭时捞了一把,填到了嘴里,便猜疑颜回“揩了油”,又是旁敲侧击,又是启发诱导,说什么这饭很清洁,我要先祭祖先,颜回忙说:“不可！刚才有灰尘落到了锅里,我已经捞出来吃掉了。”这时孔子才恍然大悟,知道自己弄错了。并由此深有所感地说:“知人固不易矣。”并强调指出:“道听而途说,德之弃也。”

孔子从实际生活中得到教训,懂得了单凭自己的眼睛,有时候也并不可靠,真正了解实情,还得做些深入调查。

俗话说:“疑心生暗鬼。”猜疑情绪是正常的人与人之间关系的腐蚀剂。一个人一旦被猜疑情绪支配了自己的思想和行动,那他就必然对别人不信任,或捕风捉影,或无中生有,这样,不仅不能正确看待别人,也会错误估计自己;从历史上来看,当权者倘爱猜疑,其危害就不是一人一事,而将要误政误国。

隋文帝“不明而喜察”,疑下而独裁,酿成群臣“唯取决受成,虽有愆违,莫敢谏争”。李世民说他:“此所以二世而亡也。”到了隋炀帝,更是“多猜忌”,更加快了隋朝的灭亡。“君臣相疑,不能各尽肝胆,实为国之大害也。”李世民的这一见解,实在言简意赅!

克服猜疑情绪,首先要自己待人以诚。俗话说:“人上一百,形形色色。”各人的出身经历、脾气禀性、文化修养都不同,风格气质也千差万别,不能够强求千篇一律。别人对问题有不同看法,采取了不同态度,那是人家的权利,要尊重、支持人家的权利,切忌不合自己心意,就猜疑别人动机如何如何;不拥护自己,就猜疑人家想要如何如何。那样,就容易把简单问题复杂化,不仅无助于交流思想,融洽感情,统一认识,团结同志,反而会使矛盾和分歧越来越大。正确的态度只能是设身处地,将心比心,多为别人想一想,多站在别人角度想一想。如果确有原则性问题,也要本着严以责己,宽以待人的态度,热情诚恳进行批评和自我批评,以便消除分歧,取得互谅互让。

6.有备方能无患

居安思危，思则有备，有备无患。

——《尚书》

《尚书》里说："在安定的时候，要想到未来可能会发生的危险；提前想到了，就会有所准备，有所准备，就不会发生祸患。"

从前，有个国王令人养了很多战马，尽管敌国一直伺机要攻打该国，终因了解到他们有许多能征惯战的好马而作罢。于是国王便想：如今敌兵退去，养这些马还有何用？不如让它们去劳作。于是就将这些战马"改行"让人们牵去拉磨。邻国得知这一消息后，再次兴兵进犯，当国王再次下令召回这些良马参加战斗时，却因它们常年用于拉磨，已经丧失了奔驰能力。号令下后，无论主人怎么狠命鞭打，它们只是原地转圈，结果邻国毫不费力便攻占了这个国家。

有一句话说的就是："曾经有一个非常好的机会，可惜我没有把握住。"遗憾的是，这种事情在很多人身上都发生过。其实，机会对我们所有人都是平等的，它有可能降临在我们每一个的身上，但前提是：在它到来之前，你一定要做好准备。

有一个叫罗伯特的美国人，想用80美元来周游世界，别人都认为他是在痴心妄想。

罗伯特没有理会那些冷嘲热讽，他找出一张纸，写下了用80美元旅行所做的准备。

1.设法领取到一份可以上船当海员的文件；

2.去警察局申领无犯罪证明；

3.考取一个国际驾驶执照，找来一套地图；

4.与一家大公司签订合同，为之提供所经国家的土壤样品；

5.同一家胶卷公司签订协议，可以在这家公司的任何一个分公司免费领取胶卷，但要拍摄照片为公司作宣传；

……

当罗伯特完成上述的准备工作之后，他就在口袋里装好80美元，兴致勃勃地开始了自己的旅行。结果，他完全实现了自己的梦想。

以下是他旅行一些经历的片断：

1.在加拿大巴芬岛的一个小镇用早餐，他不付分文，条件是为这家餐馆拍照并承诺在旅行中宣传；

2.在爱尔兰，花5美元买了4箱香烟，从巴黎到维也纳，费用是送司机一箱香烟；

3.从维也纳到瑞士，由于他搭乘货车的司机在半途得了急病，已经拥有国际驾驶执照的他将司机送到了医院，并将货物安全送到了目的地。货运公司非常感激他，专门派车将他送到了瑞士，当然是免费的；

4.在西班牙一家新开张的公司门口，由于他们用来拍摄庆祝画面的照相机出了故障，罗伯特免费为他们拍摄了照片，他们送给罗伯特一张飞往意大利的飞机票；

5.在泰国，由于提供了一份美国人最近旅游习惯的资料，他在一家高档的宾馆享受了一顿丰盛的晚餐。

……

愚者错失机会，智者善抓机会，成功者创造机会。对有准备的罗伯特来说，遍地都是机会。看来，这“准备”二字，真不是说说而已。

机会对于有准备的人来说，是通向成功之路的催化剂；对于缺乏准备的人来说，却是一颗裹着糖衣的毒药，在你还沉浸在获得机会的兴奋之中时，它却会给予你致命的一击。

7.尽量争取主动权

夫战，勇气也，一鼓作气，再而衰，三而竭，彼竭我盈，故克之。

——《曹刿论战》

公元前506年，吴王伐楚，想先攻取楚国都城郢。大将伍子胥提议：应兵分三路，其一攻麦城，其二攻纪南城，其三由吴王亲自率军直取郢都。这样，敌人必顾此失彼，一旦麦城和纪南城被攻陷，郢便失去外围，不攻自破。吴王采纳了伍子胥的建议，命其率军直取麦城。

伍子胥领兵东进，行至距麦城约50里处，前面兵士报告：麦城有楚将斗巢重兵防守，坚壁固垒，难以攻破；伍子胥便令队伍就地安营，自己穿上便装，领了两名士兵出营察看地形。当他走到一个村庄时，看到一名农夫正牵驴磨麦。农夫以捶击驴，驴走磨转，面粉便纷纷而下。伍子胥见此情景，忽生一计：驴、磨相依可磨成面粉，我何不造一“驴”一“磨”，将麦城之敌调出，乘虚而入呢？于是，他立即返回驻地，命令军士于拂晓前准备一些装满沙土的布袋和草捆。次日拂晓，他又下令，每辆战车多备乱石！等到天明，他把部队分为两路，一路在麦城之东，一路在麦城之西。两队人马在指定位置，按伍子胥要求，用所带土、石、草捆筑起两座小城，充当防御工事。东城狭长，像驴，叫“驴城”；西城似磨，叫“磨城”。楚将斗巢闻听此事，便领兵出城袭击。不料“驴”、“磨”两城固若金汤，无法攻破。斗巢先到东城，见城上旗帜飞扬，铃声阵阵。斗巢大怒，刚要攻城，只见城门大开，一位少年将军领兵出城迎战。斗巢问后方知他是蔡侯之子——姬乾。

斗巢说他不是对手，要伍子胥出马。姬乾说：“伍将军已取你麦城去

了。”斗巢不信，挺戟自取姬乾。双方正酣战之际，忽然一楚军飞车前来报告：“吴兵正攻麦城，将军速回。斗巢此时方知中计，拨马便回。于是吴军乘势追击，楚军败退。

斗巢率残军回到麦城城下，正遇伍子胥攻城。两军略战几合，伍子胥又生一计，故意将斗巢放入城中，同时将一部分投降的楚军混入其中，以作内应。半夜时分，这些楚军从城上放下绳子，吴军攀绳而上，里应外合，很快攻下了麦城。

古人用兵时指出：“善用兵者，能夺人而不夺于人。”又说：“事贵制人而不贵制于人。制人者，握权也；见制于人者，制命也。”

他们都强调主动权的重要。伍子胥欲攻城先造城，使楚兵就范，为攻克麦城创造了条件。

遇到难题时，首先要掌握事情的主动权，若受制于人，就处处被动，很难解决问题。掌握主动权，能够控制局面，让事情顺着自己的意志发展，这样取胜就易如反掌。

一篇古文叫做《曹刿论战》，曹刿和鲁庄公到长勺那个地方去和齐军打仗，两军对阵，齐军开始擂鼓。这个时候，鲁庄公下令进军，曹刿讲，不慌；然后，齐军第二次鼓声大作，鲁庄公叫进攻，曹刿说，别忙；第三次齐军擂鼓，这个时候，曹刿讲，可以进攻了。于是，大军出击，使得齐军大败。事后，鲁庄公问曹刿，怎么刚才齐军第一次擂鼓，你不让我下令进攻，第二次也不让，第三次你才叫下令进攻，道理在什么地方？曹刿讲，夫战，勇气也，一鼓作气，再而衰，三而竭，彼竭我赢，故克之。

齐军第一次擂鼓好像很主动，鲁庄公很被动。齐军第二次擂鼓，鲁庄公好像也很被动，但实际上这个时候没有动手，齐军已经开始士气低落。于是，曹刿就抓住这个机会叫鲁庄公下令进攻，这样一来，齐军败绩。所以，领导者要善于变被动为主动，这是一个非常高明的领导艺术。

主动权对领导者是何等重要。所以，不管是哪一级、哪一类的领导者，实际上都要考虑一个战略问题，既然有战略问题，就必须要使领导者先把握好主动权，只有把握了主动权，才能真正实施领导权。

8.莫以财富论英雄

子曰:贤哉回也!一箪食,一瓢饮,在陋巷,人不堪其忧,回也不改其乐。贤哉回也。

——《论语》

孔子赞叹颜回:每天一竹笼饭,一瓢冷水,住在贫民区一间破房子里,一般人忍受不了这种清贫,而颜回却能安贫乐道,淡然处之。虽然清贫却能保持顶天立地的气概,真是了不起啊!了不起!

物质财富只是外在的风光,真正的幸福来自于发现真实独特的自我,保持心灵的宁静。因此说,不管是富人还是穷人,都不要因为自己身处的位置而骄傲或者自卑、鄙视或者羡慕,正如广告说得好"每个人都有自己的舞台",只要自己正视这点,我们都将是富有的人。

一位十分富有的父亲,想让儿子看看穷人的生活,使儿子知道自己生在一个富有的家庭是多么幸福的事,就安排他的儿子去看看穷人们的生活。

于是,这位父亲带着一家人来到乡下,他想让儿子看看贫穷是多么的可怜。他们找到了一户最穷的人家,在那儿度过了一天一夜。

回来后,父亲便美滋滋地问儿子:"你认为此行如何?"

"非常好,爸爸!"

"现在你该知道穷人的生活是什么样子了吧?"父亲问道。

"是的。"

“你都看见什么了？”

“我看到我们家花园中央有一个游泳池，他们却有一条没有尽头的小溪；我们家花园里有许多进口的灯，他们却拥有满天的繁星；我们的院子虽然很大，他们的院子却延伸到地平线上。”儿子说完后，父亲沉默无语。

儿子又说：“谢谢你，爸爸，你让我明白了我们是多么贫穷！”

以贫富论英雄，是一种狭义的贫富观。中国著名的数学家陈景润算是穷到家了，但是谁又能鄙视陈景润呢？还有历代以来的那些清官、廉官，谁又能说他们应该受到鄙视吗？

那些贫穷一点的人更应该看清自己的位置，不要盲目自卑，更不要因为贫穷而丢掉某些富人们所不能拥有的“富裕”。作为不富裕的人，一定要正确地理解穷，思考为何会穷？千万不要轻信富人的杜撰，成功者奋斗的历史，道理很简单：别人的衣裳不一定适合自己穿。当我们发现，努力过、奋斗过，依然不富时，那穷就不是我们的错了。

可以说，世界上没有绝对的穷人，也没有绝对的富人。以金钱划分也只是一种局部认识，而我们面对的是人，是人生活的方方面面。我们在金钱上的缺失，固然肯定是“硬伤”，但当我们注定在这方面是弱项时，为何偏要从短处较劲，而不去在其他方面发挥优势呢？

倘若我们暂时富裕，切莫鄙视或嫌弃那些经济条件不如我们的人；如果我们暂时贫穷或者稍不如意，同样不必去羡慕那些整天开车、忙于应酬的人。正是由于生活是自己的，我们才能体会到那份只属于自己的幸福与甜蜜，而这与贫穷或富裕绝对没有必然的联系。